Volker Barth

Fachrechnen

Berufe der Lagerlogistik

Lösungen

13. Auflage

Gültig ab der 11. Auflage des Lehrbuches

Bestellnummer 03619

Haben Sie Anregungen oder Kritikpunkte zu diesem Produkt?
Dann senden Sie eine E-Mail an 03619@bv-1.de
Autoren und Verlag freuen sich auf Ihre Rückmeldung.

www.bildungsverlag1.de

Bildungsverlag EINS GmbH
Sieglarer Straße 2, 53842 Troisdorf

ISBN 978-3-441-**03619**-7

© Copyright 2008*: Bildungsverlag EINS GmbH, Troisdorf
Das Werk und seine Teile sind urheberrechtlich geschützt. Jede Nutzung in anderen als den gesetzlich zugelassenen Fällen bedarf der vorherigen schriftlichen Einwilligung des Verlages.
Hinweis zu § 52a UrhG: Weder das Werk noch seine Teile dürfen ohne eine solche Einwilligung eingescannt und in ein Netzwerk eingestellt werden. Dies gilt auch für Intranets von Schulen und sonstigen Bildungseinrichtungen.

Lehrbuch Seiten 7–10

I Wirtschaftsrechnen

1 Grundrechenarten

1.1 Addition

1 a) 42 b) 61,60 c) 22,40 d) 367,46

2 a) Badewannen   73 999 EUR
    Badearmaturen   35 229 EUR
    Duschkabinen   62 093 EUR
    Spiegel   14 818 EUR
  b) Januar   27 898 EUR
    Februar   31 403 EUR
    März   27 662 EUR
    April   38 813 EUR
    Mai   28 409 EUR
    Juni   31 954 EUR
  c) Gesamtumsatz   186 139 EUR

1.2 Subtraktion

1 a) 29 b) 29 c) 8 d) 27 e) 18 f) 66 g) 9 h) 80 i) 12

2 a) 402,54 EUR b) 2 136,68 EUR c) 60 011,35 EUR

3 a) 546,98 EUR b) 1 561,70 EUR c) 14 204,34 EUR

4 a) 525 m b) 398,50 EUR

5 a) 5 036 kg b) 33 891 kg c) 255 m d) 90 m e) 8 074,80 EUR
   f) 107 271,91 EUR

6 Kassenbestand 3 064,78 EUR

7 296 l

8 Soll 45 812   Haben 45 256,65   Saldo 555,35 EUR

9 204 kg

10 12:05 Uhr

1.3 Multiplikation

1 a) 35 b) 72 c) 48 d) 32 e) 84 f) 54

2 Brausegarnituren   409,40 EUR
    Einhebelmischer   1 107,72 EUR
    Konsolen   936,00 EUR
    Brausehalterungen   309,35 EUR
    insgesamt   2 762,47 EUR

3 8 × 799,00   =   6 392,00 EUR
   13 × 348,00   =   4 524,00 EUR
   7 × 618,00   =   4 326,00 EUR
   insgesamt   15 242,00 EUR

4

15 000 × 0,20	=	3 000,00 EUR
8 000 × 0,50	=	4 000,00 EUR
18 000 × 1,20	=	21 600,00 EUR
12 500 × 2,45	=	30 625,00 EUR
+ Zigaretten	=	23 000,00 EUR
+ Tabak	=	10 500,00 EUR
Gesamtwert		92 725,00 EUR

5

45 × 53,00 EUR	=	2 385,00 EUR
38 × 125,00 EUR	=	4 750,00 EUR
17 × 15,80 EUR	=	268,60 EUR
42 × 34,50 EUR	=	1 449,00 EUR
Gesamtpreis		8 852,60 EUR

6

4 × 895,00 EUR	=	3 850,00 EUR
3 × 420,00 EUR	=	1 260,00 EUR
13 × 195,00 EUR	=	2 535,00 EUR
40 × 11,95 EUR	=	478,00 EUR
25 × 22,95 EUR	=	573,75 EUR
Gesamtschaden		8 426,75 EUR

7

45 × 0,82 EUR	=	36,90 EUR
38 × 0,81 EUR	=	30,78 EUR
52 × 0,83 EUR	=	43,16 EUR
26,5 × 0,80 EUR	=	21,20 EUR
Gesamtkosten		132,04 EUR

8

Fassungsvermögen	3 800,000 t
− angelieferte Menge	2 248,750 t
Rest	1 551,250 t
− zusätzliche Menge	1 548,000 t (60 Waggons à 25,8 t)
Rest	3,25

Schubverband schafft noch zwei weitere Züge

9 a) 166,6 t
b) Lok + 2 Waggons

10 a) 34 500 kg Gesamtgewicht
− 6 030 kg Leergewicht
28 470 kg Nutzlast

b) 8 Paletten à 1 050,00 kg = 8 400 kg
 3 Paletten à 666,67 kg = 2 000 kg
 4 Paletten à 750,00 kg = 3 000 kg
12 Paletten à 800,00 kg = 9 600 kg
 5 Paletten à 820,00 kg = 4 100 kg
32   27 100 kg

c) 28 470 kg Nutzlast
− 27 100 kg Ladelast
 1 370 kg zuladbar
3 Paletten à 400 kg = 1 200 kg

Lehrbuch Seiten 12–17

Ergebnis: Vom Gewicht her könnte man die Sendung von drei Euro-Paletten noch zuladen. Aufgrund der max. zu ladenden Palettenanzahl ist eine Annahme des Zusatzauftrages jedoch nicht möglich.

Max. mögliche Palettenanzahl lt. Palettenstellplan	34 Euro-Paletten
− Bisher geladene Palettenanzahl	32 Euro-Paletten
Freie Palettenstellplätze	2 Euro-Paletten
Zusatzauftrag	3 Euro-Paletten

1.4 Division

1 a) 5 b) 8 c) 8 d) 9 e) 9 f) 7

2 4,75 EUR/m²

3 55 l : 12,1 l = 4,54545 × 100 km = 454,55 km   alternativ: 12,1 l × 6,18 =   74,78
618 km − 454,55 km = 163,45 km Reststrecke   − 55,00
12,1 l : 100 km × 163,45 km = <u>19,78 l</u>   19,78 l

4 1139,00 EUR : 17 = 67,00 EUR

5 22 680 000,00 EUR : 56 = 405 000,00 EUR
189 000 Kunden   : 56 = 3375 Kunden

6 29 700,00 EUR : 12 = 2475 : 6 = 412,50 EUR

7 133 l : 9,5 l = 14 × 100 km = 1400 km

8 a) 121,50 EUR : 54 = 2,25 EUR/Stück
b) 2,25 EUR × 78 = 175,50 EUR

9 a) 5200 t : 500 t = 10,4 Std.
b) 500 t : 56   = 8,9 t

10 1350 t : 7,5 t = 180 Verladevorgänge

180 × 2 Min. = 360 Min. = <u>6 Std.</u>

1.5 Bruchrechnen

1 a) $\frac{12}{15}; \frac{18}{21}; \frac{15}{24}; \frac{6}{27}; \frac{39}{51}; \frac{51}{63}$ b) $\frac{42}{57}; \frac{57}{15}; \frac{711}{42}; \frac{495}{51}; \frac{39}{21}$

2 a) $\frac{2}{8}; \frac{12}{18}; \frac{8}{13}; \frac{10}{16}; \frac{9}{14}$ b) $\frac{4}{11}; \frac{5}{16}; \frac{16}{18}; \frac{11}{17}; \frac{18}{20}$

3 a) 0,375; 0,8; 0,619; 0,923; 0,941   b) 2,25; 13,5; 17,682; 132,765

4 a) $\frac{9}{4} = 2\frac{1}{4}$ b) $\frac{17}{9} = 1\frac{8}{9}$ c) $3\frac{34}{23} = 4\frac{11}{23}$ d) $19\frac{28}{17} = 20\frac{11}{17}$ e) $30\frac{52}{31} = 31\frac{21}{31}$

5 a) $\frac{4}{8} = \frac{1}{2}$ b) $\frac{2}{6} = \frac{1}{3}$ c) $1\frac{4}{9}$ d) $1\frac{7}{17}$

6 a) $\frac{92}{56} = 1\frac{9}{14}$ b) $\frac{78}{48} = 1\frac{30}{48} = 1\frac{5}{8}$ c) $4\frac{13}{8} = 5\frac{5}{8}$ d) $3\frac{12}{18} = 3\frac{2}{3}$

7 a) $\dfrac{35}{8} = 4\dfrac{3}{8}$ b) $\dfrac{161}{29} = 5\dfrac{16}{29}$ c) $\dfrac{18}{3} = 6$ d) $\dfrac{45}{11} = 4\dfrac{1}{11}$ e) $\dfrac{78}{16} = 4\dfrac{14}{16} = 4\dfrac{7}{8}$

f) $\dfrac{80}{11} = 7\dfrac{3}{11}$ g) $\dfrac{117}{8} = 14\dfrac{5}{8}$ h) $\dfrac{187}{18} = 10\dfrac{7}{18}$

8 a) $42\dfrac{6}{4} = 43\dfrac{1}{2}$ b) $48\dfrac{88}{15} = 53\dfrac{13}{15}$ c) $96\dfrac{16}{3} = 101\dfrac{1}{3}$ d) $48\dfrac{56}{8} = 55$

e) $63\dfrac{21}{9} = 65\dfrac{1}{3}$ f) $132\dfrac{60}{6} = 142$

9 a) $\dfrac{161}{32} = 5\dfrac{1}{32}$ b) $\dfrac{448}{27} = 16\dfrac{16}{27}$ c) $\dfrac{30\,178}{135} = 223\dfrac{73}{135}$ d) $\dfrac{8\,195}{68} = 120\dfrac{35}{68}$

e) $\dfrac{2\,025}{77} = 26\dfrac{23}{77}$ f) $\dfrac{286}{20} = 14\dfrac{3}{10}$

10 a) $\dfrac{3}{8}$ b) $\dfrac{5}{18}$ c) $\dfrac{1}{10}$ d) $\dfrac{11}{192}$ e) $\dfrac{13}{360}$ f) $\dfrac{8}{117}$

11 a) $\dfrac{41}{39} = 1\dfrac{2}{39}$ b) $\dfrac{7}{40}$ c) 20 d) $= 2\dfrac{16}{17}$ e) $\dfrac{1}{8}$ f) $7\dfrac{1}{2}$ g) $2\dfrac{26}{33}$

h) $1\dfrac{1}{10}$ i) $2\dfrac{19}{30}$

12 5/8 + 4/7 + 1/4 = 35/56 + 32/56 + 14/56 = 81/56 = 1 25/56 = 1,446,43 kg

    1 580,00 kg Nutzlast
   − 1 446,43 kg Ladungsgewicht
      133,57 kg Rest

alternativ:
5/8   =   0,6250 t
4/7   =   0,5714 t
1/4   =   0,2500 t
insg.   1,4464 t

2 Dreisatzrechnen

2.1 Der einfache Dreisatz

2.1.1 Der Dreisatz mit geradem Verhältnis

1 a) 46,80 EUR   b) 21,60 EUR   c) 24,00 EUR   d) 85,80 EUR
2 673,49 EUR
3 138,00 EUR
4 62 700,00 EUR
5 1 740,00 EUR
6 99,00 EUR
7 136,77 l

2.1.2 Der Dreisatz mit ungeradem Verhältnis

1 31,5 Tage
2 21 Tage
3 50 Tage
4 9 Lkw
5 50 000,00 EUR

Vermischte Dreisatzaufgaben

1 5 Tage
2 8,9 = 9 Rollen
3 13,33 Min.
4 6,22 Tage = 6 Tage 5 Std. 20 Min.
5 40 000,00 EUR
6 12 Stunden
7 37,5 Std.
8 7 128,00 EUR
9 4 Std. 30 Min.
10 1 000 Platten
11 205,03 l
12 12 Lkw
13 36 m
14 735,00 EUR
15 39,00 EUR
16 30 Rollen

2.2 Der zusammengesetzte Dreisatz

1 6 Arb.   760 t   9 Std.
    4 Arb.   684 t   x Std.

$$x = \frac{9 \times 6 \times 684}{4 \times 760} = 12{,}15 \text{ Std.} = 12 \text{ Std. } 9 \text{ Min.}$$

2 258 m³   2 Lkw   9 Std.
    172 m³   3 Lkw   x Std.

$$x = \frac{9 \times 172 \times 2}{258 \times 3} = 4 \text{ Std.}$$

3 800 m²   1,5 Mio. EUR
    768 m²   x EUR

$$x = \frac{1{,}5 \times 768}{800} = 1{,}44 \text{ Mio. EUR}$$

4 3 Lkw   24 t   9 Std.   4 Arb.
    7 Lkw   20 t   7 Std.   x Arb.

$$x = \frac{4 \times 7 \times 20 \times 9}{3 \times 24 \times 7} = 10 \text{ Arb.}$$

5 800 m   90 cm   120 kg
    520 m   120 cm   x kg

$$x = \frac{120 \times 520 \times 120}{800 \times 90} = 104 \text{ kg}$$

6 5 Schiffe   1 200 t   6 Kräne   7 Std.
    8 Schiffe   800 t   10 Kräne   x Std.

$$x = \frac{7 \times 8 \times 800 \times 6}{5 \times 1200 \times 10} = 4{,}48 \text{ Std.}$$

7 12 Arb.   54 Std.   12 Tage   8 Std.
    18 Arb.   81 Std.   9 Tage   x Std.

$$x = \frac{8 \times 12 \times 81 \times 12}{18 \times 54 \times 9} = 10 \text{ Std. } 40 \text{ Min. } (2 \text{ Std. } 40 \text{ Min. mehr})$$

8 125 ha   18 Arb.   5 Tage   10 Std.
    80 ha   16 Arb.   4 Tage   x Std.

$$x = \frac{10 \times 80 \times 18 \times 5}{125 \times 16 \times 4} = 9 \text{ Std.}$$

9 18 m   8 Fächer   3250 Ordner
    22 m   10 Fächer   x Ordner

$$x = \frac{3250 \times 22 \times 10}{18 \times 8} = 4965 \text{ Ordner}$$

Lehrbuch Seiten 26–27

10 5 Tage · 8 Maschinen · 7,5 Std. · 36 000 Gehäuse
 4 Tage · 10 Maschinen · 9,0 Std. · x Gehäuse

$$x = \frac{36\,000 \times 4 \times 10 \times 9}{5 \times 8 \times 7,5} = 43\,200 \text{ Gehäuse}$$

11 9 Lkw · 54 l · 38 Tage
 6 Lkw · 50 l · x Tage

$$x = \frac{38 \times 9 \times 54}{6 \times 50} = 61,56 \text{ Tage}$$

12 40 Tage · 1 Rohbau
 24 Tage · 2/5 Rohbau · 20 Arbeiter
 16 Tage · 3/5 Rohbau · x Arbeiter

$$x = \frac{20 \times 24 \times 3/5}{16 \times 2/5} = 45 \text{ Arbeiter} = 25 \text{ Arbeiter zusätzlich}$$

13 10 Tage · 25 Schiffe · 1 200 t · 3 Krananlagen · 8 Std.
 12 Tage · 20 Schiffe · 1 600 t · 2 Krananlagen · x Std.

$$x = \frac{8 \times 10 \times 20 \times 1\,600 \times 3}{12 \times 25 \times 1\,200 \times 2} = 10,\overline{66} \text{ Std. } 10 \text{ Std. } 40 \text{ Min.}$$

14 2 Tage · 1/5 Teile · 5 Arbeiter
 4 Tage · 4/5 Teile · x Arbeiter

$$x = \frac{5 \times 2 \times 4}{4 \times 1} = 10 \text{ Arbeiter} = 5 \text{ Arbeiter zusätzlich}$$

15 5 Arbeiter · 4 Tage · 1 Auftrag · 7,5 Std.
 4 Arbeiter · 6 Tage · 2 Aufträge · x Std.

$$x = \frac{7,5 \times 5 \times 4 \times 2}{4 \times 6 \times 1} = 12,5 \text{ Std.} = 5 \text{ Überstunden}$$

16 3 Maschinen · 5/21 des Auftrags · 5 Stunden
 2 Maschinen · 16/21 des Auftrags · x Stunden

$$x = \frac{5 \times 3 \times 16}{2 \times 5} = 24 \text{ Stunden}$$

17 1 Umbau · 8 Std. · 3 Arbeiter · 5 Tage
 1,1 Umbau · 8 Std. · 2 Arbeiter · x Tage

$$x = \frac{5 \cdot 1,1 \cdot 8 \cdot 3}{1 \cdot 8 \cdot 2} = 8,25 \text{ Arbeitstage}$$

3 Prozentrechnen

3.1. Die allgemeine Prozentrechnung

3.1.1 Berechnung des Prozentwertes

1 a) 2,50; 3,75; 5,00; 4,15; 12,80; 0,052
    b) 12; 4,80; 21,90; 18,75; 132; 0,18
    c) 35; 17,50; 47,50; 26; 255; 0,43
    d) 42; 57,50; 29,80; 41,70; 389,0; 0,78

2 a) 3,25; 5,78; 6,50; 0,78; 0,925
    b) 23,35; 42,50; 8,00; 4,20; 2,78

3
Teppichböden	371 525,00 EUR
Fliesen	101 325,00 EUR
Tapeten	112 583,33 EUR
Kleister	56 291,67 EUR
Klebeband	33 775,00 EUR

4
Bruttogewicht	58,00 kg
− Tara 15 %	8,70 kg
Nettogewicht	49,30 kg

5
Gesamtpreis	345,00 EUR
− Rabatt 15 %	51,77 EUR
Ziel-Einkaufspreis	293,25 EUR
	: 15 = 19,55 EUR/St.

6 12,5 % v. 18 600,00 EUR = 2 325,00 EUR

7 413 %   −   835,00 EUR
    430 %   −   x
    x = 869,37 EUR

8
A	46 %	105 340 EUR
B	18 %	41 220 EUR
C	36 %	82 440 EUR
	100 %	229 000 EUR

9 3 × 20 % = 60 %; Restwert 40 %
    40 % v. 40 000,00 EUR = 16 000,00 EUR Restwert

10
Ware	Verkauf	Provision	Betrag
A	25 600,00	2,5 %	640,00 EUR
B	13 750,00	6 2/3 %	916,67 EUR
C	21 760,00	3 %	652,80 EUR
			2 209,47 EUR
+ Fixum			500,00 EUR
Gesamteinkommen Mai			2 709,47 EUR

11 a) 1,72 Mio. Lkw
    b) 137,6 Mrd. km
    c) 41,280 Mrd. l × 0,65 EUR = 26,832 Mrd. EUR

12 75 m × 28 m = 2 100 m²

100 %	–	2 100 m²
88 %	–	x

x = 1 848 m²

13 a)

Intervall	%	Anzahl in Mio.
bis 130	4	1,652
131–150	17	7,021
151–170	34	14,042
171–190	27	11,151
191–210	13	5,369
211–230	4	1,652
über 231	1	0,413
	100	41,300

b) 18 % = 7,434 Mio. Pkw

3.1.2 Berechnung des Prozentsatzes

1

38,5 Std.	–	100 %
11 Std.	–	x

x = 28,57 %

2

750,00 EUR	–	100 %
45,00 EUR	–	x

x = 6 %

3

750,00 EUR	–	100 %
115,00 EUR	–	x

x = 15 1/3 %

4

12,6 l	–	100 %
8,8 l	–	x

x = 69,84 %   Die Senkung betrug 30,16 %.

5

neues Gehalt	2 484,00 EUR	
– Gehaltserhöhung	84,00 EUR	
altes Gehalt	2 400,00 EUR	– 100 %
	84,00 EUR	– x
	x = 3,5 %	

6

15 Kartons	–	100 %
14 Kartons	–	x

x = 93 1/3 %   Der Rabattsatz entspricht 6 2/3 %.

7 a)
$$\frac{15\ l\ \ \ \ \ \ \ \ -\ \ \ \ \ \ 100\%}{0{,}2\ l\ \ \ \ \ \ \ \ -\ \ \ \ \ \ \ \ x}$$
x = 1 1/3 %

b) 15 l − 0,2 l = 14,8 l = 14 800 cm³
14 800 cm³ : 50 cm³ = 296 Flacons

8
$$\frac{22\,800\ \text{EUR}\ \ \ -\ \ \ \ 100\%}{684\ \text{EUR}\ \ \ \ \ -\ \ \ \ \ \ x}$$
x = 3 %

9

Personenverkehr	%	Güterverkehr	%
Privater Pkw	79,34 %	Lkw	69,93 %
U-Bahn	8,34 %	Bahn	14,22 %
Eisenbahn	7,82 %	Schiff	12,68 %
Flugzeug	4,50 %	Pipeline	3,00 %
		Flugzeug	0,16 %
	100,00 %		~ 100 %

10
$$\frac{2{,}7\ \text{Mill. EUR}\ \ \ -\ \ \ 100\%}{0{,}3\ \text{Mill. EUR}\ \ \ -\ \ \ \ \ x}$$
x = 11,11 %

11
$$\frac{12{,}66\%\ \ \ \ -\ \ \ \ 100\%}{0{,}60\%\ \ \ \ \ -\ \ \ \ \ \ x}$$
x = 4,74 %

12
$$\frac{125\,000\ \text{EUR}\ \ -\ \ 100\%}{18\,750\ \text{EUR}\ \ \ -\ \ \ \ x}$$
x = 15 %

13
$$\frac{238\,000\ \text{Bürger}\ \ -\ \ 100\%}{142\,800\ \text{Bürger}\ \ -\ \ \ \ x}$$
x = 60 %

14

Buchwert	8 640,00 EUR
+ Abschr.	2 160,00 EUR
Anschaffungswert	10 800,00 EUR − 100 %
	2 160,00 EUR − x

x = 20 %

15

Kaufpreis	5 800,00 EUR
− Anzahlung	1 200,00 EUR
Restbetrag	4 600,00 EUR
Ratenbetrag (10 × 500,00 EUR)	5 000,00 EUR
Ratenaufschlag	400,00 EUR

$$\frac{4\,600\ \text{EUR}\ \ \ -\ \ \ 100\%}{400\ \text{EUR}\ \ \ \ \ -\ \ \ \ \ x}$$
x = 8,7 %

16 1 450,00 EUR − 100 %
43,50 EUR − x

x = 3 %

17 a) 46 733 − 100 %   b) 29 986 − 100 %
53 840 − x   35 290 − x

x = 115,22 %   x = 117,67 %
 = 15,22 % Steigung   = 17,67 % Steigung

19 679 − 100 %   11 450 − 100 %
22 580 − x   13 360 − x

x = 114,74 %   x = 116,68 %
 = 14,74 % Steigung   = 16,68 % Steigung

3.1.3 Berechnung des Grundwertes

1 4 %   −   6 Schüler
100 % −   x

x = 150 Schüler

2 4,5 %   − 13 750,00 EUR
100 % − x

x = 305 555,56 EUR

3 18 %   − 1 035,00 EUR
100 % − x

x = 5 750,00 EUR

4 6,5 % − 91 000,00 EUR
100 % − x

x = 1 400 000,00 EUR

5 23 %   − 402,50 EUR
100 % − x

x = 1 750,00 EUR

6 2,5 % − 46,25 EUR
100 % − x

x = 1 850,00 EUR

7 2,5 ‰ − 80,00 EUR
1 000 ‰ − x

x = 32 000,00 EUR

8 Monatsverdienst   1 900,00 EUR
 − Fixum   800,00 EUR
   umsatzabhängiger Verdienst   1 100,00 EUR

2 3/4 % − 1 100,00 EUR
100 %   − x

x = 40 000,00 EUR

3.2 Die Prozentrechnung vom vermehrten und verminderten Grundwert

3.2.1 Die Prozentrechnung vom vermehrten Grundwert

1
15%	–	460 EUR
100%	–	x

x = 400,00 EUR

Der bisherige Preis betrug 400,00 EUR und die Preiserhöhung betrug 60,00 EUR.

2
116 2/3%	–	2,8 Mill. EUR
100%	–	x

x = 2,4 Mill. EUR

3
106%	–	243 800 EUR
100%	–	x

x = 230 000 EUR

Die Gewinnsteigerung betrug 13 800,00 EUR.

4
119%	–	1 785,00 EUR
100%	–	x

x = 1 500,00 EUR

5
105%	–	1 470 t
100%	–	x

x = 1 400 t

3.2.2 Die Prozentrechnung vom verminderten Grundwert

1
97,5%	–	1 511,25 EUR
100%	–	x

x = 1 550,00 EUR

2
65%	–	312,00 EUR
100%	–	x

x = 480,00 EUR

Der Preisnachlass beträgt 168,00 EUR.

3
95%	–	1 615 Schüler
100%	–	x

x = 1 700 Schüler

4
97%	–	7 954 Todesfälle
100%	–	x

x = 8 200 Todesfälle

3.3 Die zusammengesetzte Prozentrechnung

1 100 %   25 000,00 EUR
   − 20 %
     80 % =   100 %   20 000,00 EUR
              − 20 %
                80 % =   100 %   16 000,00 EUR
                        − 20 %
                          80 %   12 800,00 EUR
   Der Anschaffungspreis betrug 25 000,00 EUR.

2 100 %   1 800,00 EUR
   − 25 %
     75 % =   100 %   1 350,00 EUR
              − 3 %
                97 %   1 309,50 EUR

3 a) 100 %   1 819,68 EUR
       + 12 %
         112 % =   100 %   2 038,04 EUR
                  − 8 %
                    92 % =   100 %   1 875,00 EUR
                            − 4 %
                              96 %   1 800,00 EUR
   b) Der Fehler würde sich auf 19,68 EUR belaufen.

4 100 %   32 000 000,00 EUR
   − 8 %
     92 % =   100 %   29 440 000,00 EUR
              − 5 %
                95 % =   100 %   27 968 000,00 EUR
                        − 6 %
                          94 %   26 289 920,00 EUR

5 a) | Jahr | Veränderung gegenüber dem Vorjahr | Umsatz |
       |---|---|---|
       | 2000 | | |
       | 2001 | − 2 % | |
       | 2002 | − 1 % | 285,00 Mio. Tonnen |

   100 %   293,75 Mio. Tonnen
   − 2 %
     98 %   =   100 %   287,88 Mio. Tonnen
               − 1 %
                 99 %   =   285,00 Mio. Tonnen

   b) 293,75 Mio. Tonnen −   100 %
      285,00 Mio. Tonnen −   x

   x = 97,02 % → die Senkung betrug insgesamt 2,98 %

Vermischte Prozentaufgaben

1 a)

50 Mio. EUR	–	100 %
16 Mio. EUR	–	x

x = 32 %

b)

16 Mio. EUR	–	100 %
4 Mio. EUR	–	x

x = 25 %

c)

16 Mio. + 5 %	=	16,80 Mio. EUR
14 Mio. – 3 %	=	13,58 Mio. EUR
insgesamt		30,38 Mio. EUR

50 Mio. EUR ./. 30,38 Mio. EUR = 19,62 Mio. EUR für EU-Europa

20 Mio. EUR	–	100 %
19,62 Mio. EUR	–	x

x = 98,1 % = 1,9 % Senkung

2 a)

Bruttolohn		=	1 700,00 EUR
– Lohnsteuer	25 % v. 1 700,00 EUR	=	425,00 EUR
– Kirchensteuer	7 % v. 425,00 EUR	=	29,75 EUR
– Rentenversicherung	19,5 % v. 1 700,00 EUR : 2	=	165,75 EUR
– Krankenversicherung	13,7 % v. 1 700,00 EUR : 2	=	116,45 EUR
– Arbeitslosenversicherung	6,5 % v. 1 700,00 EUR : 2	=	55,25 EUR
– Pflegeversicherung	1,7 % v. 1 700,00 EUR : 2	=	14,45 EUR

b) Nettolohn   893,35 EUR
c) Abzüge   806,65 EUR

1 700,00 EUR	–	100 %
806,65 EUR	–	x

x = 47,45 %

3

82 %	–	18,45 EUR
18 %	–	x

x = 4,05 EUR

4

165 %	–	922 Mio. $
100 %	–	x

x = 558,78 Mio. $

1,125 $	–	1 EUR
558,78 Mio. $	–	x

x = 496,69 Mio. EUR

5

9 200 000 EUR	–	100 %
1 840 000 EUR	–	x

x = 20 %

6

100,00 %		30,00 EUR
+ 11,67 %		
111,67 %	=	33,50 EUR
		– 5,50 EUR
		28,00 EUR

7

3,5 %	–	43,75 EUR
100 %	–	x

x = 1 250,00 EUR

Lehrbuch Seiten 42–44

8   6,3 Jahre   –   100 %
    7,2 Jahre   –   x
    x = 114,29 %   Die Steigerung betrug 14,29 %.

9   2001   100 %   80 000 EUR
              – 10 %
       2002   90 % =   100 %   72 000 EUR
                        – 10 %
       2003   90 % =   100 %   64 800 EUR
                                     – 10 %
       2004   90 % =   100 %   58 320 EUR
                                                    – 10 %
       2005 (Ende 2004!!!)   90 % =   52 488 EUR

10   102 %   –   232 Mio. t
       100 %   –   x
       x = 227,45 Mio. t

11   116 2/3 %   –   350 000 EUR
       100 %   –   x
       x = 300 000,00 EUR

12   87,5 %   –   700,00 EUR
       100 %   –   x
       x = 800,00 EUR

13   a)   292 000 EUR   –   100 %
            36 500 EUR   –   x
          x = 12,5 %

       b)   100 %   –   292 000 EUR
            7,5 %   –   x
          x = 21 900 EUR

       c)   21 900 EUR   –   100 %
            36 500 EUR   –   x
          x = 166,6$\bar{6}$ % = 66 2/3 %

3.4 Die Bezugskalkulation

1   55 000,00 EUR EK
      – 9 900,00 EUR Liefererrabatt 18 %
        45 100,00 EUR Ziel-EK
      – 1 127,50 EUR Liefererskonto 2,5 %
        43 972,50 EUR Bar-EK
      +   527,50 EUR Bezugskosten
        44 500,00 EUR ESP : 200 Stück = **222,50 EUR**

2   1 920,00 EUR EK
− 192,00 EUR L-Rabatt 10 %

1 728,00 EUR Ziel-EK
− 34,56 EUR L-Skonto 2 %

1 693,44 EUR Bar-EK : 8 = 211,68 EUR

3   11 200,00 EUR EK
− 2 800,00 EUR L-Rabatt 25 %

8 400,00 EUR Ziel-EK
− 210,00 EUR L-Skonto 2,5 %

8 190,00 EUR Bar-EK

4   240 kg brutto
− 18 kg Tara

222 kg netto =

:50 kg = 4,44 ₓ
80 €

355,20 EUR EK
− 53,28 EUR L-Rabatt 15 %

301,92 EUR Ziel-EK
− 4,53 EUR L-Skonto 1,5 %

297,39 EUR Bar-EK : 222 kg = 1,34 EUR

5   **Angebot 1**
3,00 EUR EK
− 0,03 EUR L-Skonto 1 %

2,97 EUR Bar-EK
+ 0,13 EUR Bezugskosten

3,10 EUR ESP

Angebot 2
3,50 EUR EK
− 0,21 EUR L-Rabatt 6 %

3,29 EUR ESP

6   9 250,00 EUR EK
− 1 665,00 EUR L-Rabatt 18 %

7 585,00 EUR Ziel-EK
227,55 EUR L-Skonto 3 %

7 357,45 EUR Bar-EK
+ 144,00 EUR Bezugskosten

7 501,45 EUR ESP

7   Schweizer Anbieter
48 000 sfr EK   /400 St. × 120 sfr
− 2 400 sfr Rabatt 5 %

45 600 sfr Ziel-EK
− 1 368 sfr Skonto 3 %

44 232 sfr Bar-EK

| 1,585 sfr | − | 1 EUR |
| 44 232 sfr | − | x |

x = 27 906,62 EUR

27 906,62 EUR Bar-EK
+ 690,00 EUR Bezugskosten

28 596,62 EUR ESP

US-amerikanischer Anbieter
32 000 $ EK   /400 St. × 80 $
− 3 200 $ Rabatt 10 %

28 800 $ Ziel − EK = ESP

| 1,125 $ | − | 1 EUR |
| 28 800 $ | − | x |

x = 25 600 EUR

günstiger: US-amerikanisches Angebot

8 1 546,39 EUR EK   *100 %*
    − 309,28 EUR L-Rabatt 20 %   ↑ 2
    1 237,11 EUR Ziel-EK *100 %* *80 %*
    −   37,11 EUR L-Skonto 3 %   ↑ 1
    1 200,00 EUR ESP   *97 %*

9 667,68 EUR EK
    − 166,92 EUR L-Rabatt 25 %   ↑ 2
    500,76 EUR Ziel-EK
    −   8,76 EUR L-Skonto 1,75 %   ↑ 1
    492,00 EUR Bar-EK *98,25*
    +   8,00 EUR Bezugskosten
    500,00 EUR ESP

10 699,85 EUR EK : 4 = 174,96 EUR = 175,00 EUR   ↑ 2
    − 104,98 EUR L-Rabatt 15 %
    594,87 EUR Ziel-EK
    − 14,87 EUR L-Konto 2,5 %   ↑ 1
    580,00 EUR Bar-EK
    + 20,00 EUR Bezugskosten
    600,00 EUR ESP

11 85,00 EUR EK
    − 25,50 EUR Rabatt 30 %
    59,50 EUR Ziel-EK
    − 1,49 EUR Skonto 2,5 %
    58,01 EUR Bar-Ek
    + 1,49 EUR Bezugskosten
    59,50 EUR ESP

12 460,80 EUR EK   /96 St. × 4,80 EUR/St.
    − 69,12 EUR Rabatt 15 %
    391,68 EUR Ziel-EK
    −   9,79 EUR Skonto 2,5 %
    381,89 EUR Bar-EK
    + 78,00 EUR Bezugskosten   /4 × 19,50 EUR
    459,89 EUR ESP : 96 St. = 4,79 EUR/St.

13 7 200,00 EUR EK
    − 1 080,00 EUR Lieferrabatt 15 %
    6 120,00 EUR Ziel-EK
    −   153,00 EUR Liefererskonto 2,5 %
    5 967,00 EUR Bar-EK
    +   120,00 EUR Bezugskosten
    6 087,00 EUR ESP : 150 Stück = 40,58 EUR
    Das Geschäft ist für Herrn Neumann interessant.

14

	Hell AG	Fritz OHG
EK	4 500,00	4 360,00
− Lieferrabatt	360,00	−
Ziel-EK	4 140,00	4 360,00
− Liefererskonto	82,80	87,20
Bar-EK	4 057,20	4 272,80
+ Bezugskosten	80,00	−
Einstandspreis	4 137,20	4 272,80

Das Angebot der Hell AG ist um 135,60 EUR günstiger.

15

	Wellpapp AG	Pappwerke GmbH	Kartonagefabrik
EK	10 800,00	11 700,00	9 900,00
− Lieferrabatt	540,00	−	297,00
Ziel-EK	10 260,00	11 700,00	9 603,00
− Liefererskonto	205,20	351,00	−
Bar-EK	10 054,80	11 349,00	9 603,00
+ Bezugskosten	−	−	250,00
Einstandspreis	10 054,80	11 349,00	9 853,00

Das Angebot der Kartonagefabrik ist am günstigsten.

16

	Angebot 1	Angebot 2
EK	10 600,00	13 000,00
− Liefererrabatt	2 650,00	4 550,00
Ziel-EK	7 950,00	8 450,00
− Liefererskonto	159,00	253,50
Bar-EK	7 791,00	8 196,50
+ Bezugskosten	12,00	−
Einstandspreis	7 803,00	8 196,50

Das Angebot 1 ist um 393,50 EUR günstiger.

Prüfungsaufgabe

a) 8,50 nkr   =   1 EUR
    289,00 nkr   =   x

x = 34,00 EUR/Stück

b)
EK	3 400,00 EUR	/ 34,00 EUR/St. · 100 Stück
− Liefererrabatt	340,00 EUR	/ 10 % da pro Jahr 1 200 Stück
Ziel-EK	3 060,00 EUR	
− Liefererskonto	91,80 EUR	
Bar-EK	2 968,20 EUR	
+ Bezugskosten	150,00 EUR	
ESP	3 118,20 EUR	: 100 Stück = 31,83 EUR/Stück

(handschriftlich: 31,18²)

Da der Stückeinkaufspreis beim alten Lieferer 33,50 EUR beträgt, kann sich Marlies Schweighoffer für den neuen, günstigeren Anbieter entscheiden.

c) z.b. Qualität, Lieferzeit, Service
d) 3350,00 EUR — 100 %
   3118,20 EUR — x
   x = 93,08 %   → 6,92 % günstiger
e) (1) 200   Waren   3350,00 EUR
       260   Vorsteuer   636,50 EUR
       an 44   an Verbindlichkeiten   3986,50 EUR
   (2) 200   Waren   3060,00 EUR
       2001   Bezugskosten   150,00 EUR
       260   Vorsteuer   609,90 EUR
       an 44   an Verbindlichkeiten   3819,90 EUR
f) 44   Verbindlichkeiten   3886,00 EUR
   an 280   an Bank   3886,00 EUR

4 Maße und Gewichte

4.1 Metrische Maße und Gewichte

1 | Menge | Gewicht in kg | Gesamtgewicht in kg |
|---|---|---|
| 2 | 3,750 | 7,500 |
| 4 | 17,500 | 70,000 |
| 1 | 32,750 | 32,750 |
| | | 110,250 |

2 | Menge | Gewicht in kg | Gesamtgewicht in kg |
|---|---|---|
| 2 | ~~12,600~~ 17,6 | 35,200 |
| 7 | 8,900 | 62,300 |
| 2 | 12,400 | 24,800 |
| 1 | 7,700 | 7,700 |
| | | 130,000 |

3 1 hl = 1 000 l
 12 hl = 12 000 l Fassungsvermögen
 − 275 l aktueller Bestand
 ~~11 725 l~~ Zukauf

4 | Menge | Gewicht in kg | Gesamtgewicht in kg |
|---|---|---|
| 8 | 950 | 7 600 |
| 9 | 620 | 5 580 |
| 2 | 591 | 1 182 |
| | | 14 362 = 14,362 t |

 25,000 t Fassungsvermögen
 − 14,362 t aktuelle Belegung
 10,638 t Zuladung noch möglich

4.2 Nichtmetrische Maße und Gewichte

4.2.1 Rechnen mit nichtmetrischen Maßeinheiten

4.2.1.1 Umwandlung von Yards in Feet und Inches und umgekehrt

1
- a) 14.2.9 = 537 Inches
- b) 18.2.10 = 682 Inches
- c) 19.2.– = 708 Inches
- d) 33.1.4 = 1 204 Inches
- e) 45.1.11 = 1 643 Inches
- f) 9.1.7 = 343 Inches

2
- a) 506 Inches = 14.–.2
- b) 3 425 Inches = 95.–.5
- c) 249 Inches = 6.2.9
- d) 29 Inches = –.2.5
- e) 6 329 Inches = 175.2.5
- f) 980 Inches = 27.–.8
- g) 452 Inches = 12.1.8
- h) 5 209 Inches = 144.2.1
- i) 510 Inches = 14.–.6

4.2.1.2 Umwandlung von Yards in Meter und umgekehrt

1
- a) 92.2.10 = 92,946 = 85,20 m
- b) 182.1.6 = 182,501 = 167,29 m
- c) 17.–.3 = 17,084 = 15,66 m
- d) 13.2.11 = 13,974 = 12,81 m
- e) 13.–.– = 13,000 = 11,92 m
- f) 16.2.– = 16,666 = 15,28 m

2
- a) 350 m = 381,818 = 381.2.5
- b) 175 m = 190,909 = 190.2.9
- c) 55 m = 60,000 = 60.–.–
- d) 228,5 m = 249,273 = 249.–.10
- e) 82,75 m = 90,273 = 90.–.10
- f) 87 m = 94,909 = 94.2.9

3 80 m = 87,273 = 87.–.10

4 20-Fuß-Container
Maße: 20 Fuß × 8 Fuß × 8,5 Fuß
6,10 m × 2,44 m × 2,59 m = 38,55 m³ (77,10 m³)

5
- a) Länge: 30 ft. × 0,3048 m = 9,144 m
  Breite: 8,5 ft. × 0,3048 m = 2,59 m
  Länge: 92,00 m : 9,144 m = 10 Container
  Breite: 15,80 m : 2,59 m = 6 Container
  10 × 6 × 4 Lagen = 240 Container
- b) 4 800 t : 240 Container = 20 t

4.2.2 Rechnen mit nicht metrischen Gewichtseinheiten

4.2.2.1 Umwandlung von Hundredweights in Quarters und Pounds und umgekehrt

1
- a) 12.3.17   −   1 292 lbs
- b) 9.−.16   −   916 lbs
- c) 17.2.21   −   1 771 lbs
- d) 8.1.−   −   825 lbs
- e) 13.2.21   −   1 371 lbs
- f) −.3.21   −   96 lbs
- g) 11.6.2.25   −   22 675 lbs
- h) 21.15.3.5   −   43 580 lbs
- i) 32.16.2.14   −   65 664 lbs

2
- a) 12 300 lbs   −   6.3.−.−
- b) 5 128 lbs   −   2.11.1.3
- c) 17 913 lbs   −   8.19.−.13
- d) 817 lbs   −   8.−.17
- e) 3 251 lbs   −   32.2.1
- f) 215 lbs   −   2.−.15

4.2.2.2 Umwandlung von Hundredweights in Kilogramm und umgekehrt

1
- a) 19.1.16   =   19,41   =   880,44 kg
- b) 11.3.21   =   11,96   =   542,51 kg
- c) 17.2.−   =   17,50   =   793,80 kg
- d) 1.−.21.   =   1,21   =   54,89 kg

2
- a) 525,00 kg   =   11,5746   =   11.2.7
- b) 715,00 kg   =   15,7635   =   15.3.1
- c) 175,80 kg   =   3,8758   =   3.3.13
- d) 17,35 kg   =   0,3825   =   −.1.13
- e) 16,517 kg   =   0,3641   =   −.1.11
- f) 1 045,00 kg   =   23,0389   =   23.−.4

3 21.3.18   =   21,93   =   994,74 kg

4 8 976 cwts   =   407 151 kg   =   407,151 t : 24 = <u>17 Waggons</u>

5 Flächen-, Körper- und Umfangberechnung

5.1 Allgemeine Berechnungen

1 I. 20 m × 15 m = 300 m²
II. 10 m × 7,5 m = 75 m²

Gesamtgrundstück = 2375 m² × 280,00 EUR/m²
Gesamtgrundstückspreis = 105 000,00 EUR

2 a) F = 110 m × 50 m
F = 5 500 m²
b) U = (110 m + 50 m) × 2
U = 320 m
c) F = 32 m × 16 m
F = 512 m²

3 U = 2 × 0,45 m × 3,14
U = 2,83 m

4 V = 12 m × 2,50 m × 2,20 m
V = 66 m³

5 V = 7 m × 2,50 m × 210 m
V = 36,75 m³

6 a) $F = \dfrac{6\,m \times 1{,}2\,m}{2}$ b) $V = \dfrac{6\,m \times 1{,}2\,m}{2} \times 4\,m$
F = 3,6 m² V = 14,4 m³
Gesamtkosten = 14,4 m³ × 1 150,00 EUR = 16 560,00 EUR

7 90 000,00 EUR Kosten/Quartal : 3 = 30 000,00 EUR Kosten/Monat
F = 50 m × 25 m
F = 1 250 m² × 2 (zweigeschossiges Lagerhaus)
F = 2 500 m²
30 000,00 EUR : 2 500 m² = 12,00 EUR/m²

8 V = 5 m × 3,5 m × 2 m
V = 35 m³ / 1 m³ = 1 000 l
V = 35 000 l

9 F = 60 m × 20 m
F = 1 200 m² × 3 (dreigeschossiges Lagerhaus)
F = 3 600 m²
3 600 m² × 3 t/m² = 10 800 t

10 $F_\square$ = 50 m × 20 m $\quad F_\triangle = \dfrac{20\,m \times 50\,m}{2}$
$F_\square$ = 1 000 m² $\quad F_\triangle$ = 500 m²

Gesamtfläche = 1 000 m² + 500 m² = 1 500 m²

11 Volumen eines 40-Fuß-Containers =
V = 40 Fuß × 8 Fuß × 8,5 Fuß
V = 2 720 Fuß³
1 Fuß = 30,48 cm = 0,3048 m
1 Fuß³ = 28 316,85 cm³ = 0,028316 m³
V = 77,02 m³
838,64 m³ : 77,02 m³ = 10,89 = 11 Container

12 V = 4,5 m × 2 m × 1,4 m
 V = 12,6 m³
 V = 12 600 l

13 a) F = 200 m × 50 m
 F = 10 000 m²
 b) 10 000 m² × 450,00 EUR/m² = 4,5 Mill. EUR
 c) F = 50 m × 8 m
 F = 400 m²
 d) 200 m : 8 m = 25 Reihenhäuser

14 2 500 t : 2,5 t/m² = 1 000 m²

15

Wagenart	a)	b)	c)
Gbs	2,64 m	801,66 kg	465,75 t
Hbis	2,83 m	752,38 kg	431,25 t

16 V = r²πh
 V = 0,95² × π × 16
 V = 45,3646 m³ = <u>45 364,6 Liter</u>

17 Silo I   400 m³
 Silo II   300 m³
 <u>Silo III   200 m³</u>
 insgesamt 900 m³ : 100 m³ = <u>9 Waggons</u>

18 a) 240 cm : 20 cm = 12 ⎫
 168 cm : 14 cm = 12 ⎬ 12 × 12 × 9 = 1 296 Filter
 126 cm : 14 cm = 9 ⎭
 b) Gewicht eines Stahlbehälters:
 1 296 Filter × 1,2 kg = 1 555,2 kg + 57,6 kg Tara = 1 612,8 kg

 Fläche eines Stahlbehälters: 2,40 m × 1,68 m = 4,032 m²

 Gewicht des Stahlbehälters je m²:
 4,032 m² – 1 612,8 kg
 <u>1,000 m² –   x   </u>
 x =   400 kg/m²

 8 m : 1,26 m = 6,35 = 6 Behälter (Beachte: 6 × 400 kg = 2 400 kg)
 Es können max. 5 Behälter übereinander gestapelt werden (5 × 400 kg = 2 000 kg).

 c) 10 Behälter: 5 Behälter = 2 Reihen Behälter = 2 × 4,032 m² = 8,064 m²

19 a) <u>44 800 m³</u>
 b) <u>44 800 m³ : 70 m³ = 640 Waggons = 16 Züge</u>

20 a)   Euro-Palettenmaße: Paketmaße:
      L: 1,20 m : 3 Pakete   =   0,40 m Länge
      B: 0,80 m : 2 Pakete   =   0,40 m Breite
      H: 0,90 m : 3 Pakete   =   0,30 m Höhe
 b)   396 Pakete : 18 Pakete pro Palette =   22 Euro-Paletten
 c)   396 Pakete · 35 kg   =   13 860 kg Nettogewicht
      <u>+ 22 Euro-Paletten · 20 kg   =   440 kg Tara   </u>
                                        14 300 kg Bruttogewicht

5.2 Grundfläche, Lagerfläche, Ladefläche, Verkehrsfläche

1 a) F = 1,2 m × 0,8 m
F = <u>0,96 m²</u>

F = 0,96 m² × 22 Paletten
F = <u>21,12 m²</u>

b) F = 21,12 m² : 2 = <u>10,56 m²</u>

2 Länge 30 m : 1,2 m = 25 Paletten }
Breite 20 m : 0,8 m = 25 Paletten } <u>625 Paletten</u>

3 a) F = 120 m × 35 m = <u>4 200 m²</u>

b) Lagernutzfläche = Grundfläche × Geschossanzahl
= 4 200 m² × 4
= <u>16 800 m²</u>

c) Lagernutzfläche 16 800 m²
− Verkehrsfläche 3 360 m²
reine Lagerfläche <u>13 440 m²</u>

4 a) F = 7,85 m × 2,44 m
F = <u>19,154 m²</u>

b) F = 0,95 m × 0,6 m
F = <u>0,57 m²</u>

c) 1. Möglichkeit
Länge 7,85 m : 0,95 m = 8 }
Breite 2,44 m : 0,60 m = 4 } = 32 Kisten

2. Möglichkeit
Länge 7,85 m : 0,60 m = 13 }
Breite 2,44 m : 0,95 m = 2 } = 26 Kisten
Es können tatsächlich 32 Kisten eingelagert werden.

d) reine Lagerfläche = 0,57 m² × 32 Kisten = <u>18,24 m²</u>
Ladenutzfläche 19,154 m²
− reine Ladefläche 18,240 m²
Restfläche <u>0,914 m²</u>

5 a) Länge 14,40 m : 1,20 m = 12 }
Breite 8,00 m : 0,80 m = 10 } = <u>120 Paletten</u>

b) 120 Paletten : 20 Paletten = 6 Lkw
c) 120 Paletten × 800 kg = 96 t

6 a) L: 19,85 : 1,20 = 16 } 48 Paletten
   B: 2,65 : 0,80 = 3
b) 45,6 t = 45 600 kg : 48 Pal.   = 950 kg
c)   V(Waggon)   = 143,60 m³
   − V(Paletten) 1,392 m³ × 48 Pal. = 66,82 m³
   freies Volumen   76,78 m³

d)

Vorgang	Häufigkeit	Zeit		Kosten	
		einmalig	insgesamt	einmalig	insgesamt
zum Stapler gehen	1	15,30	15,30	0,15	0,15
aufsteigen und starten	1	13,50	13,50	0,09	0,09
Palette aufnehmen	48	16,40	787,20	0,10	4,80
zum Waggon fahren	48	36,25	1 740,00	0,34	16,32
Palette abstellen	48	11,95	573,60	0,15	7,20
zurückfahren	48	22,30	1 070,40	0,28	13,44
insgesamt			4 200,00		42,00

e) 4 200 Sekunden : 60   70 Minuten = 42,00 EUR
                           60 Minuten = x
                           x = 36,00 EUR je Stunde

7 a) Länge 12,04 m : 1,20 m (0,80 m) = 10 (15) Paletten }
   Breite 2,44 m : 0,80 m (1,20 m) = 3 (2) Paletten   } 60 Paletten
   Höhe   2,43 m : 1,20 m   = 2   Paletten   }
b) 60 Paletten × 520 kg = 31 200 kg = 31,2 t
c) 1. Möglichkeit   2. Möglichkeit

 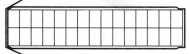

d) V_LKW = 71,39 m³
   − V_Pal. = 69,12 m³   (60 Pal. × 1,152 m³)
    V_Rest = 2,27 m³

8 a) 2 000 000 Reifen : 3 200 Stellplätze = 625 Reifen/Stellplatz
b) 100 % − 73 000 m²
    80 % −   x
    x = 58 400 m² : 3 200 = 18,25 m² pro Stellplatz
c) 125 Lkw × 200 Reifen = 25 000 Reifen/Tag
d) 25 000 : 625 = 40 Stellplätze × 18,25 m² = 730 m²
e) 125 Lkw × 200 Reifen = 25 000 Reifen/Tag
   2 000 000 : 25 000 = 80 Tage

9 a) 31 200 cm   =   100 %
       14 520 cm   =   x

   $x = \dfrac{100 \times 14520}{31200} = 46{,}54$ % Ersparnis bzw. Betriebsflächengewinn

b) 10 Regale   =   100 %
   21 Regale   =   x

   $x = \dfrac{100 \times 21}{10} = 210$ % → 110 % Steigerung der Lagerkapazität

Lehrbuch Seite 71

5.3 Nutzungsgrade im Lager (Flächen- und Raumnutzungsgrad)

1 a) F = 70 m × 43,2 m
   F = $\underline{\underline{3\,024\,m^2}}$

b) F = 65 m × 2,4 m
   F = 156 m² × 10 Regalreihen
   F = $\underline{\underline{1\,560\,m^2}}$

c) Flächennutzungsgrad = $\dfrac{1\,560\,m^2 \times 100}{3\,024\,m^2}$ = $\underline{\underline{51,59\,\%}}$

d) V = 70 m × 43,20 m × 7 m
   V = $\underline{\underline{21\,168\,m^3}}$

e) V = 65 m × 2,4 m × 6,5 m
   V = $\underline{\underline{10\,140\,m^3}}$

f) Raumnutzungsgrad = $\dfrac{10\,140\,m^3 \times 100}{21\,168\,m^2}$ = $\underline{\underline{47,90\,\%}}$

2 a) V = 5,935 m × 2,335 m × 2,383 m
   V = $\underline{\underline{33,02\ \ m^3}}$

b) 1. Möglichkeit
   Länge 5,935 m : 0,50 m = 11
   Breite 2,335 m : 0,40 m = 5   } = $\underline{\underline{385\ Kisten}}$
   Höhe 2,383 m : 0,30 m = 7
   2. Möglichkeit
   Länge 5,935 m : 0,40 m = 12
   Breite 2,335 m : 0,50 m = 4   } = $\underline{\underline{392\ Kisten}}$
   Höhe 2,383 m : 0,30 m = 7
   Maximal passen 392 Kisten in den Container!

c) V = 0,50 m × 0,40 m × 0,30 m
   V = $\underline{\underline{0,06\,m^3}}$

   V = 0,06 m³ × 392 Kisten
   V = $\underline{\underline{23,52\,m^3}}$

   Raumnutzungsgrad = $\dfrac{23,52\,m^3 \times 100}{33,02\,m^2}$ = $\underline{\underline{71,23\,\%}}$

3 Maximale Fläche 80 m × 50 m = 4 000 m² × 2   = 8 000 m²
   − 20 % Kommissionierflächen/Verkehrflächen   = 1 600 m²
   Lagerfläche   6 400 m²
   tatsächlich belegte Fläche 1,2 m × 0,8 m × 6 500 St.   = 6 240 m²

$$\text{Flächennutzungsgrad} = \frac{6240 \text{ m}^2 \times 100}{8000 \text{ m}^2} = 78\%$$

4 a) tatsächlich genutzter Raum = 1,2 m × 0,8 m × 1,1 m × 50 000
                              = 52 800 m³
   nutzbarer Raum   = 15 000 m² × 6,90 m
                              = 103 500 m³
   Raumnutzungsgrad   = 52 800/103 000 × 100   = 51,01 %

b) Flächennutzung:
   Stapellager: 1,2 × 0,8 × 50 000 : 3   = 16 000 m²
   Hochregallager: 1,2 × 0,8 × 50 000 : 6   = 8 000 m²
   Ergebnis: Lager muss als Hochregallager geführt werden.
   Grund: nutzbare Fläche 15 000 m²; Stapellager benötigt aber 16 000 m².

5 a) 14 m × 8 m = 112 m²
   b)   10 Reihen à 6 Euro-Paletten   = 60 Paletten
        + 1 Wandreihe   = 10 Paletten
                              70 Paletten
        70 Paletten × 0,96 m²/Palette = 67,20 m²
   c) 112 m²   − 100 %
       67,20 m² −   x

       x   = 60 %
   d) 35 Paletten × 0,96 m²/Palette = 33,60 m²
       112 m²   − 100 %
       33,60 m² −   x

       x   = 30 %
   e) 70 Paletten × 3 = 210 Paletten
   f) 14 m × 8 m × 6 m = 672 m³
   g) 1,2 m × 0,8 m × 1,6 m = 1,536 m³ × 210 Paletten = 322,56 m²
       672 m³   − 100 %
       322,56 m³ −   x

       x   = 48 %

6 a)   13,50 m : 1,20 m   =   11
           2,50 m : 0,80 m   =   3   33 Paletten top deck

           9,65 m : 1,20 m   =   8
           2,50 m : 0,80 m   =   3   24 Paletten bottom deck
           insgesamt   57 Paletten

   b) Volumen Paletten
       V = 1,20 · 0,80 · 1,20   = 1,152 m³ · 57 Paletten = 65,664 m³
       Volumen Lkw
       V = 13,50 · 2,50 · 1,83   = 61,7625 top deck
       V = 9,65 · 2,50 · 1,83   = 44,1488 bottom deck = 105,911 m³
       105,911 m³ = 100 %
       65,664 m³ = x

$$x = \frac{100 \times 65{,}664}{105{,}911} = 62\%$$

6 Verteilungsrechnen

6.1 Die allgemeine Verteilungsrechnung

1

Pers.	Einsatz	Teile	Anteil
A	1,50	3	120 000,00
B	5,50	11	440 000,00
C	3,00	6	240 000,00
		20	800 000,00
		1	40 000,00

2

Unternehmen	Umsatz in Mio. EUR	Teile	Anteil
A	1,8	18	90 000,00
B	0,9	9	45 000,00
C	1,4	14	70 000,00
		41	205 000,00
		1	5 000,00

3

Abt.	m³	Teile	Anteil
V	210	42	7 200,00
S	45	9	1 542,86
L	235	47	8 057,14
W	910	182	31 200,00
		280	48 000,00
		1	171,429

4

Pers.	Beteiligung	Teile	Anteil
A	18 000,00	6	3 912,00
B	21 000,00	7	4 564,00
C	12 000,00	4	2 608,00
		17	11 084,00
		1	652,00

5

Waren	Gewicht	Teile	Anteil
M	75	5	10,63
E	375	25	53,14
S	180	12	25,51
Z	420	28	59,52
		70	148,80
		1	2,12..

6

Pers.	Überstd.	Teile	Anteil
A	46	23	2 300,00
B	60	30	3 000,00
C	26	13	1 300,00
D	32	16	1 600,00
E	12	6	600,00
		88	8 800,00
		1	100,00

7

Waren	Gewicht	Teile	Anteil
I	16 t	8	1 760,00
II	38 t	19	4 180,00
III	26 t	13	2 860,00
		40	8 800,00
		1	220,00

8

Pers.	Teile	Teile	Teile	Anteil
A	1/4	15/60	15	75 000,00
B	1/5	12/60	12	60 000,00
C	1/6	10/60	10	50 000,00
D	Rest	23/60	23	115 000,00
		60/60	60	300 000,00
			1	5 000,00

9

Pers.	Teile	Teile	Teile	Anteil
A	1/3	8/24	8	108 160,00
B	1/4	6/24	6	81 120,00
C	3/8	9/24	9	121 680,00
D	Rest	1/24	1	13 520,00
		24/24	24	324 480,00
			1	13 520,00

10

Pers.	Teile	Teile	Teile	Anteil
A	1/10	4/40	4	22 160,00
B	2/5	16/40	16	88 640,00
C	1/5	8/40	8	44 320,00
D	1/8	5/40	5	27 700,00
E	Rest	7/40	7 =	38 780,00 : 7 = 5 540,00
		40/40	40	221 600,00

Lehrbuch Seite 76

11	Pers.	Teile	Teile	Teile	Anteil
	L	1/12	5/60	5	62 500,00
	S	2/10	12/60	12	150 000,00
	Sp.	1/6	10/60	10	125 000,00
	G	Rest	33/60	33	412 500,00 : 33 = 12 500,00
			60/60	60	750 000,00

12	Pers.	Zugeh.	Vorweg	Anteil	insges.
	A	80 Monate	500,00	1 600,00	2 100,00
	B	53 Monate	500,00	1 060,00	1 560,00
	C	31 Monate	500,00	620,00	1 120,00
	D	16 Monate	500,00	320,00	820,00
		180	2 000,00	3 600,00	5 600,00
		1		20,00	

13	Kisten	m³	Frachtkosten
	1	1,44	1 270,08
	2	0,24	211,68
	3	0,05	44,10
	4	0,27	238,14
		2,00	1 764,00
		1,00	882,00

14	Pers.	Teile	Teile	Anteil
	A	1 + 1/5	1,2	6 900 l
	B	1	1	5 750 l
			2,2	12 650 l
			1	5 750 l

15	Pers.	Teile	Teile	Anteil
	A	1	1	3 200,00
	B	1,5	1,5	4 800,00
	C	1,5 + 0,75	2,25	7 200,00
			4,75	15 200,00
			1	3 200,00

Hinweis: A wird = 1 gesetzt oder B in A ausgedrückt!

16 a)   b)

Geschäft	Teile	Teile	Teile	Vorjahresumsatz	Anteil
Zentrale	3/8	9/24	9	3 960 000,00	27 000,00
Filiale A	1/3	8/24	8	3 520 000,00	24 000,00
Filiale B	1/6	4/24	4	1 760 000,00	12 000,00
Filiale C	Rest	3/24	3	1 320 000,00	9 000,00
		24/24	24	10 560 000,00	72 000,00

a) 3 Teile – 1 320 000,00
   1 Teil – x   x = 44 000,00 EUR

b) 24 Teile – 72 000,00
   1 Teil – x   x = 3 000,00 EUR

17 a)

Sorte	Stückzahl	Gewicht in kg	EK in EUR	Fracht in EUR	Transp.Vers. in EUR	ESP in EUR
Getriebe	1	35	800,00	56,00	16,00	872,00
Spoiler	1	15	250,00	24,00	5,00	279,00
insgesamt	2	50	1 050,00	80,00	21,00	1 151,00
		1		1,60	0,02	
				1,00		

b) 72,00 EUR   –   100 %
   80,00 EUR   –   x

x = 111,11 %   →   11,11 % Steigung

6.2 Gewinnverteilung der Personengesellschaften

6.2.1 Gewinnverteilung bei der offenen Handelsgesellschaft (OHG)

1

Personen	Anteil	4 %		Rest	insgesamt
B	150 000,00	6 000,00		55 200,00	61 200,00
C	120 000,00	4 800,00		55 200,00	60 000,00
D	90 000,00	3 600,00		55 200,00	58 800,00
		14 400,00		165 600,00	180 000,00

2

Personen	Anteil	6 %	Teile	Rest	insgesamt
A	320 000,00	19 200,00	5	65 000,00	84 200,00
B	240 000,00	14 400,00	4	52 000,00	66 400,00
C	220 000,00	13 200,00	4	52 000,00	65 200,00
		46 800,00	13	169 000,00	215 800,00
			1	13 000,00	

3

Personen	Teile	Teile	Teile	Anteil	4 %	Rest	insgesamt
A	1/4	15/60	15	450 000,00	18 000,00	82 000,00	100 000,00
B	2/5	24/60	24	720 000,00	28 800,00	82 000,00	110 800,00
C	1/6	10/60	10	300 000,00	12 000,00	82 000,00	94 000,00
D	Rest	11/60	11	330 000,00	13 200,00	82 000,00	95 200,00
		60/60	60	1 800 000,00	72 000,00	328 000,00	400 000,00
			1	30 000,00			

Lehrbuch Seiten 79–81

4

Personen	Teile	Teile	Teile	Anteil	4%	Rest	insgesamt
A	1/3	4/12	4	400 000,00	16 000,00	38 000,00	54 000,00
B	1/12	1/12	1	100 000,00	4 000,00	38 000,00	42 000,00
C	1/2	6/12	6	600 000,00	24 000,00	38 000,00	62 000,00
D	Rest	1/12	1	100 000,00	4 000,00	38 000,00	42 000,00
		12/12	12	1 200 000,00	48 000,00	152 000,00	200 000,00

5

Personen	Teile	Teile	Teile	Anteil	6%	Rest	insgesamt
Anna Wolf	140 000,00		5/12	5	140 000,00	8 400,00	30 000,00	38 400,00
Maria Konrad	1/3		4/12	4	112 000,00	6 720,00	30 000,00	36 720,00
Anton Dittmann	1/4		3/12	3	84 000,00	5 040,00	30 000,00	35 040,00
insgesamt			12/12	12	336 000,00	21 160,00	90 000,00	110 160,00

6.2.2 Gewinnverteilung bei der Kommanditgesellschaft (KG)

1

Personen	Einlage	Teile	4%	Rest	insgesamt
Roswitha	450 000	10	18 000	75 000	93 000
Bibiana	80 000	2	3 200	15 000	18 200
Brigitta	50 000	2	2 000	15 000	17 000
insgesamt		14	23 200	105 000	128 200
		1		7 500	

2

Personen	Einlage	Teile	6%	Rest	insgesamt
Eberle	800 000	8	48 000	160 000	208 000
Leuck	200 000	2	12 000	40 000	52 000
Früh	100 000	1	6 000	20 000	26 000
insgesamt		11	66 000	220 000	286 000
		1		20 000	

3

Gesellschafter	Einlage	Teile	Tätigkeitsvergütung	4%	Rest	insgesamt
Hartmut	200 000	5	50 000	8 000	20 000	78 000
Sina	200 000	5	50 000	8 000	20 000	78 000
Andreas	80 000	2	–	3 200	8 000	11 200
		12	100 000	19 200	48 000	167 200
		1			4 000	

4

Gesellschafter	Einlage	Teile	Tätigkeitsvergütung	4%	Rest	insgesamt
Gerd	2 000 000	10	42 000	80 000	60 000	182 000
Nicola	400 000	2	–	16 000	12 000	28 000
Katja	600 000	3	–	24 000	18 000	42 000
		15	42 000	120 000	90 000	252 000
		1			6 000	

Prüfungsaufgabe
a) Gewinn: 430 000,00 EUR
b) Ein Gewinn wird über das Eigenkapitalkonto verbucht.
   Buchungssatz: 802 GuV   430 000,00
                   an 300 Eigenkapital   430 000,00

c)
Gesellschafter	Einlagen	Tätigkeitsvergütung	Verzinsung laut Gesellschaftsvertrag	Rest	insgesamt
Eulig	1 500 000	40 000	75 000	100 000	215 000
Storz	670 000	40 000	33 500	100 000	173 500
Landa	430 000	–	21 500	20 000	41 500
		80 000	130 000	220 000	430 000
				1 Teil = 20 000	

7 Durchschnittsrechnung

7.1 Der einfache Durchschnitt

1	Note 3		4	5 600,00 EUR	6	1 128 416,66 EUR
2	334 Kunden		5	6 152 000,00 EUR	7	82 113,00 EUR
3	600 km				8	29 g

9 a) 23:22 Ankunftszeit
 − 09:48 Startzeit
  13:34 Gesamtdauer
 − 02:31 Zwischenaufenthalt (151 Min. = 2 Std. 31 Min.)
  11:03 reine Fahrtzeit = 663 Minuten

 663 Minuten   −   1 182 km
  60 Minuten   −   x

x = 107 km/h Durchschnittsgeschwindigkeit

b) 107 km/Std
 + 10 km/Std
  117 km/Std

 107 km/Std   −   663 Minuten
 117 km/Std   −   x

x = 606,33 Minuten   = 606 Minuten

 606 Minuten reine Fahrtzeit
 + 151 Minuten Zwischenaufenthalte
  757 Minuten Gesamtzeit   = 12 Std. 37 Minuten

 09:48 Startzeit
 + 12:37 Gesamtdauer
  22:25 Ankunftszeit

7.2 Der gewogene Durchschnitt

1	Stoffe	Menge/m	Preis EUR/m	Gesamtpreis
	I	22	3,20	70,40
	II	82	4,95	405,90
	III	10	3,90	39,00
		114		515,30
		1	⌀ 4,52	

2	Anzahl Arbeiter	Std.-Lohn	Gesamtlohn
	1	5,90	5,90
	3	6,25	18,75
	8	7,10	56,80
	2	7,50	15,00
	14		96,45
	1	⌀ 6,89	

3

Anzahl Silos	Fassungsvermögen je Silo in t	gesamtes Fassungsvermögen
5	180	900
12	250	3 000
8	275	2 200
3	300	900
28		7 000
1	⌀ 250	

4 a)

Börsentage	Montag	Dienstag	Mittwoch	Donnerstag	Freitag	**insgesamt**
Kurse in EUR	13,50	12,85	12,90	13,40	12,35	13,00
gekaufte Stück	20	40	40	10	90	200
Kaufpreis in EUR	270	514	516	134	1111,50	2545,50

b) Durchschnittlicher Kurs: **12,73**

c) 13,50 EUR   –   100 %
   12,35 EUR   –   x

   x = <u>91,48 %</u>

   Die Senkung betrug 8,52 %.

5

Tankstopp	Menge/l	Preis EUR/l	Gesamtpreis
I	35	1,08	37,80
II	70	1,11	77,70
III	46	1,10	50,60
	151		166,10

6

Sorten	Menge/kg	Preis EUR/kg	Gesamtpreis
I	5	7,80	39,00
II	8	9,60	76,80
III	7	5,80	40,60
Mischung	20		156,40
1		⌀ 7,82	

7

Sorte	Menge/l	Alkoholgeh./%	Vol. %
Alkohol	200	68	13 600
Wasser	80	0	0
Mischung	280		13 600
1		⌀ 49 %	

8

Menge/l	Temp. °	Vol. °
150	68	10 200
100	12	1 200
250		11 400
1	⌀ 45,6°	

Lehrbuch Seite 87

9

Rohstoffe	Menge/kg	Preis EUR/kg	Gesamtpreis
Feingold	0,333	12 000	3 996,00
Silber	0,500	240	120,00
Kupfer	0,167	9	1,50
	1		4 117,50

a) 1 g = 4 117,50 : 1 000 = 4,12 EUR

b)
Materialpreis 25,6 × 4,12	105,47
+ Arbeitslohn	137,50
	242,97
+ Gewinn 18%	43,73
= Gesamtpreis	286,70

10 **Rohstofflager:** 41 **Lohnabrechnung Monat:** August

Pers. Nr.	Name	Vorname	Steuerkl.	Arb.Std.	Std.lohn	Bruttolohn
187	Leuck	Uwe	III/1	176	9,80	1 724,80
188	Eberle	Markus	IV	182	10,50	1 911,00
189	Gottmann	Wolfgang	I	202	12,04	2 432,08
190	Schweighoffer	Joachim	III/2	192	11,80	2 265,60
191	Haupt	Marina	V	184	10,25	1 886,00
Durchschnittswerte:				187,20	10,88	2 043,90

8 Zinsrechnen

8.1 Einführung in die Zinsrechnung

8.2 Berechnung der Zinsen

8.2.1 Berechnung der Jahreszinsen

1. $z = \dfrac{5000 \times 4 \times 6{,}5}{100}$ = 1 300,00 EUR

   + Kreditbetrag   5 000,00 EUR
   insgesamt   6 300,00 EUR

2. $z = \dfrac{2350 \times 12 \times 1{,}5}{100}$ = 423,00 EUR

3. $z = \dfrac{250\,000 \times 8{,}75 \times 3}{100}$ = 65 625,00 EUR

4. $z = \dfrac{85\,000 \times 6}{100}$ = 5 100,00 EUR

   $z = \dfrac{50\,000 \times 7{,}5}{100}$ = + 3 750,00 EUR

   Jährliche Hypo-Zinsen   8 850,00 EUR

8.2.2 Berechnung der Monatszinsen

1. a) $z = \dfrac{12\,960 \times 8{,}5 \times 11}{100 \times 12}$ = 1 009,80 EUR

   b) $z = \dfrac{6780 \times 9{,}8 \times 7}{100 \times 12}$ = 387,59 EUR

   c) $z = \dfrac{10\,525 \times 6{,}75 \times 16}{100 \times 12}$ = 947,25 EUR

   d) $z = \dfrac{830 \times 7{,}66 \times 5}{100 \times 12}$ = 26,51 EUR

2. $z = \dfrac{15\,000 \times 6{,}25 \times 2}{100 \times 12}$ = 156,25 EUR

3. $z = \dfrac{12\,000 \times 8{,}\overline{66} \times 18}{100 \times 12}$ = 1 560,00 EUR

   + Mahngebühren   12,00 EUR
   + Kreditbetrag   12 000,00 EUR
   insgesamt   13 572,00 EUR

4. $z = \dfrac{3780 \times 6{,}33 \times 4}{100 \times 12}$ = 79,80 EUR

   + Kreditbetrag   3 780,00 EUR
   insgesamt   3 859,80 EUR

5 $z = \dfrac{14750 \times 5,75 \times 6,5}{100 \times 12}$ = 459,40 EUR

+ Kreditbetrag   14750,00 EUR
insgesamt   15209,40 EUR

6 $z = \dfrac{58000 \times 7,5 \times 5}{100 \times 12}$ = 1812,50 EUR

+ Provision (1,5% v. 58000)   870,00 EUR
+ Auslagen   8,00 EUR
insgesamt   2690,50 EUR

8.2.3 Berechnung der Tageszinsen

1 a) 72 b) 66 c) 113 d) 227 e) 71 f) 83 g) 245 h) 208

2 a) $z = \dfrac{11750 \times 5,8 \times 104}{100 \times 360}$ = 196,88 EUR

b) $z = \dfrac{3400 \times 7,5 \times 146}{100 \times 12}$ = 103,42 EUR

c) $z = \dfrac{20500 \times 6,3 \times 189}{100 \times 360}$ = 678,04 EUR

d) $z = \dfrac{975 \times 8,8 \times 71}{100 \times 360}$ = 16,92 EUR

3 $z = \dfrac{23800 \times 7,5 \times 202}{100 \times 360}$ = 1001,58 EUR

+ Kreditbetrag   23800,00 EUR
insgesamt   24801,58 EUR

4 $z = \dfrac{12500 \times 4,66 \times 133}{100 \times 360}$ = 215,51 EUR

5 $z = \dfrac{845 \times 6,5 \times 163}{100 \times 360}$ = 24,87 EUR

+ Mahngebühr   5,00 EUR
+ Rechnungsbetrag   845,00 EUR
insgesamt   874,87 EUR

6 $z = \dfrac{6450 \times 7 \times 123}{100 \times 360}$ = 154,26 EUR

+ Rechnungsbetrag   6450,00 EUR
Überweisungsbetrag   6604,26 EUR

7 $z = \dfrac{1758 \times 6,66 \times 74}{100 \times 360}$ = 24,09 EUR

$$z = \frac{2347 \times 6{,}66 \times 57}{100 \times 360} = 24{,}77 \text{ EUR}$$

Gesamtzinsen	48,86 EUR
+ Waren	4 105,00 EUR
Gesamtschuld	4 153,86 EUR

8 $$z = \frac{7380 \times 8{,}5 \times 10}{100 \times 360} = 17{,}43 \text{ EUR}$$

+ Rechnungsbetrag	7 380,00 EUR
Überweisungsbetrag	7 397,43 EUR

9

23.02.	11.04.	17.08.
	i = 48 Tg.	i = 126 Tg.
	p = 6,5 %	p = 7 %
	K = 3850 EUR	K = 3850 EUR

$$z_1 = \frac{3850 \times 48 \times 6{,}5}{100 \times 360}$$
$$z_1 = 33{,}37 \text{ EUR}$$

$$z_2 = \frac{3850 \times 126 \times 7}{100 \times 360}$$
$$z_2 = 94{,}33 \text{ EUR}$$

$$z_{Gesamt} = 127{,}70 \text{ EUR}$$

10

Warenwert	6 800,00 EUR
− Skonto 2,5 %	170,00 EUR
Kreditbetrag	6 630,00 EUR

$$z = \frac{6630 \times 9 \times 30}{100 \times 360} = 49{,}73 \text{ EUR}$$

Skontoersparnis	170,00 EUR
− Zinsen	49,73 EUR
Ersparnis	120,27 EUR

8.3 Berechnung des Kapitals, des Zinssatzes und der Zeit

8.3.1 Berechnung des Kapitals

1 a) $$K = \frac{24{,}50 \times 100 \times 360}{7 \times 37} = 3405{,}41 \text{ EUR}$$

b) $$K = \frac{16{,}80 \times 100 \times 360}{6 \times 28} = 3600{,}00 \text{ EUR}$$

c) $$K = \frac{8{,}50 \times 100 \times 360}{4{,}5 \times 85} = 800{,}00 \text{ EUR}$$

d) $$K = \frac{50{,}50 \times 100 \times 360}{3{,}33 \times 101} = 5400{,}00 \text{ EUR}$$

2 $$K = \frac{56 \times 100 \times 360}{9 \times 160} = 1400{,}00 \text{ EUR}$$

3 $$K = \frac{400 \times 100 \times 12}{4 \times 6} = 20000{,}00 \text{ EUR}$$

4 $K = \dfrac{210 \times 100 \times 12}{8 \times 6} = 5250{,}00$ EUR

5 $K = \dfrac{22{,}50 \times 100 \times 360}{8 \times 90} = 1125{,}00$ EUR

6 $K = \dfrac{223 \times 100 \times 360}{12 \times 60} = 11150{,}00$ EUR

7 $K = \dfrac{5{,}50 \times 100 \times 360}{12{,}5 \times 20} = 792{,}00$ EUR

8 $K = \dfrac{600 \times 100 \times 360}{7{,}5 \times 30} = 96000{,}00$ EUR

8.3.2 Berechnung des Zinssatzes

1 $p = \dfrac{35{,}71 \times 100 \times 360}{2860 \times 58} = 7{,}75\,\%$

2 $p = \dfrac{2600 \times 100 \times 12}{80000 \times 3} = 13\,\%$

3 $p = \dfrac{25{,}46 \times 100 \times 360}{2500 \times 55} = 6{,}67\,\%$

4 $p = \dfrac{81{,}66 \times 100 \times 360}{3500 \times 105} = 8\,\%$

5 $p = \dfrac{1250 \times 100 \times 360}{25000 \times 225} = 8\,\%$

6 $p = \dfrac{5000 \times 100 \times 1}{5000 \times 10} = 10\,\%$

7

Kaufpreis	1580,00 EUR
− Anzahlung	330,00 EUR
Restbetrag	1250,00 EUR
Ratenbetrag	1350,00 EUR
Ratenaufschlag	100,00 EUR

$p = \dfrac{100 \times 100 \times 360}{1250 \times 180} = 16\,\%$

8.3.3 Berechnung der Zeit

Beachte: Bei der Tageberechnung wird grundsätzlich aufgerundet!

1 $i = \dfrac{2500 \times 100 \times 360}{27500 \times 6} = 546$ Tage

2 $i = \dfrac{1176 \times 100 \times 360}{5600 \times 7} = 1080$ Tage $= 3$ Jahre

3 $i = \dfrac{20{,}40 \times 100 \times 360}{1360 \times 5} = 108$ Tage

Der Kredit wurde am 02.05. aufgenommen!

4 $i = \dfrac{45{,}22 \times 100 \times 360}{1850 \times 6{,}66} = 132$ Tage

Die Rechnung wurde am 03.12. ausgestellt!

5 $i = \dfrac{1500 \times 100 \times 360}{28500 \times 7{,}5} = 253$ Tage

Die Erbschaft wird am 28.11. fällig!

6 $i = \dfrac{23 \times 100 \times 360}{2070 \times 8} = 50$ Tage

Die Rechnung wurde am 27.02. ausgestellt!

7 ? ───────── 20.08. ───────── 30.12.

$p = 4{,}5\%$
$K = 2400$ EUR

$p = 5\%$
$K = 2400$ EUR
$i = 130$ Tage

$z_{Gesamt} = 88{,}00$ EUR

$z_1 = z_G - z_2$
$z_1 = 44{,}67$ EUR

$z_2 = 43{,}33$ EUR

$i = \dfrac{44{,}67 \times 100 \times 360}{2400 \times 4{,}5} = 149$ Tage

Am 21.03. wurden die 2400,00 EUR auf das Konto eingezahlt!

8 $i = \dfrac{300 \times 100 \times 360}{7500 \times 8} = 180$ Tage

Der Kredit wurde am 17.08. zurückgezahlt!

Vermischte Zinsrechenaufgaben

1 Angebot 1

$z = \dfrac{15000 \times 3{,}5 \times 7{,}5}{100 \times 12} =$ 328,13 EUR

Angebot 2

$z = \dfrac{15000 \times 3{,}5 \times 6}{100 \times 12} =$ 262,50 EUR

+ Bearbeitungsgebühr   150,00 EUR

Kreditkosten   412,50 EUR

Angebot 1 ist günstiger!

2 $z = \dfrac{250000 \times 1 \times 8{,}5}{100 \times 12} = 1770{,}83$ EUR

3 $i = \dfrac{25 \times 100 \times 360}{1600 \times 7{,}5} = 75$ Tage

Der Rechnungsbetrag wurde am 03.05. beglichen!

4 Mieteinnahmen 18 000,00 EUR
− Gebäudekosten 8 000,00 EUR
Gewinn (Zinsen) 10 000,00 EUR

5 $K = \dfrac{10\,000 \times 100 \times 360}{8 \times 90} = 500\,000,00$ EUR

$p = \dfrac{75 \times 100 \times 360}{2\,850 \times 125} = 7{,}58\,\%$

6 $z = \dfrac{72\,000 \times 135 \times 7}{100 \times 360} =$ 1 890,00 EUR

+ Provision 120,00 EUR
+ Gebühren 6,00 EUR
Gesamtbelastung 2 016,00 EUR

$p = \dfrac{2\,016 \times 100 \times 360}{72\,000 \times 135} = 7{,}47\,\%$

7 a) 345,00 EUR
b) 16 905,00 EUR

c) $z = \dfrac{16\,905 \times 20 \times 15}{100 \times 360} = 140{,}88$ EUR

d) 345,00 EUR − 140,88 EUR = 204,12 EUR

8 a) 25.04. + 30 Tage = 25.05. − 26.06. = 31 Tage

$z = \dfrac{82\,500 \times 31 \times 6}{100 \times 360} = 426{,}25$ EUR

82 500,00 EUR Rechnungsbetrag
+ 426,25 EUR Zinsen
82 926,25 EUR Überweisungsbetrag am 26.06.

b) 82 500,00 EUR Rechnungsbetrag
− 2 062,50 EUR Skonto 2,5 %
80 437,50 EUR Überweisungsbetrag am 09.05.

180 000,00 EUR Kreditlimit
− 144 000,00 EUR bereits in Anspruch genommener Kredit
36 000,00 EUR zu 10 %
44 437,50 EUR zu 13 %   80 437,50 EUR

09.05.−26.06. = 47 Tage

$z = \dfrac{36\,000 \times 47 \times 10}{100 \times 360} = 470{,}00$ EUR

$$z = \frac{44437{,}50 \times 47 \times 13}{100 \times 360} = \underline{754{,}20 \text{ EUR}}$$

Gesamtzinsen   1 224,20 EUR

   2 062,50 EUR Skontoertrag
− 1 224,20 EUR Zinsaufwand

    838,30 EUR Ersparnis

9   11.05. + 30 Tage Ziel = 11.06.–15.08. = 64 Tage

$$z = \frac{1875 \times 64 \times 12}{100 \times 360} = 40{,}00 \text{ EUR}$$

+ Gebühren   =   10,00 EUR

                                         50,00 EUR

+ Rechnungsbetrag   1 875,00 EUR

Gesamtbetrag   = 1 925,00 EUR

9 Währungsrechnen

9.1 Umrechnungen im Währungsinland

1

1 EUR	–	1,590 sfr
450 EUR	–	x

$$x = \frac{1{,}590 \times 450}{1} = 715{,}50 \text{ sfr}$$

2

1 EUR	–	1,5425 sfr
300 EUR	–	x

$$x = \frac{1{,}5425 \times 300}{1} = 462{,}75 \text{ sfr}$$

1 EUR	–	1,2178 $
800 EUR	–	x

$$x = \frac{1{,}2178 \times 800}{1} = 974{,}24 \text{ \$}$$

1 EUR	–	0,6463 £
650 EUR	–	x

$$x = \frac{0{,}6463 \times 650}{1} = 420{,}10 \text{ £}$$

3

1,631 sfr	–	1 EUR
3 840,000 sfr	–	x

$$x = \frac{3840}{1{,}631} = 2354{,}38 \text{ EUR}$$

4

1 EUR	–	5,400 Rand
1 300 EUR	–	x

$$x = \frac{5{,}400 \times 1300}{1} = 7020 \text{ Rand}$$

1 EUR	–	125,800 jap. Yen
800 EUR	–	x

$$x = \frac{125{,}80 \times 800}{1} = 100\,640 \text{ jap. Yen}$$

1 EUR	–	1,725 A-$
900 EUR	–	x

$$x = \frac{1{,}725 \times 900}{1} = 1552{,}50 \text{ A-\$}$$

5 1,00 EUR — 10,160 skr
4 500,00 EUR — x

$$x = \frac{10{,}160 \times 4500}{1} = 45720 \text{ skr}$$

6 0,680 £ — 1 EUR
18,000 £ — x

$$x = \frac{18{,}000 \times 1}{0{,}680} = 26{,}47 \text{ EUR}$$

7 5,340 Rand — 1 EUR
18 496,000 Rand — x

$$x = \frac{18496 \times 1}{5{,}340} = 3457{,}20 \text{ EUR}$$

8 1,2500 $ — 1 EUR
70,0000 $ — x

x = 56,00 EUR

1,2800 $ — 1 EUR
70,0000 $ — x

x = 54,69 EUR
Verlust: 1,31 EUR

9 6 527,00 EUR — 60 200 skr
1,00 EUR — x

$$x = \frac{60200 \times 1}{6527} = 9{,}223 \text{ skr}$$

10 101 000 A-$ 1,8 A-$ — 1 EUR
+   250 A-$ 101 250,0 A-$ — x
= 101 250 A-$

$$x = \frac{101250 \times 1}{1{,}8} = 56250 \text{ EUR}$$

  56 250 EUR
+ 1 500 EUR
= 57 750 EUR : 2 500 m = 23,10 EUR/m

11 135 Yen — 1 EUR
24 000 Yen — x

$$x = \frac{24000 \times 1}{135} = 177{,}78 \text{ EUR}$$

12 180 EUR — 315 sfr
1 EUR — x

$$x = \frac{315 \times 1}{180} = 1{,}75 \text{ sfr}$$

13
| 1,650 sfr | – | 1 EUR |
| 19,800 sfr | – | x |

$$x = \frac{19{,}800 \times 1}{1{,}650} = 12 \text{ EUR}$$

Einkauf in Deutschland; Ersparnis 0,55 EUR

9.2 Umrechnungen im Währungsausland

1 a)
| 1 EUR | – | 1,590 sfr | | 1 EUR | – | 1,600 sfr |
| 4 000 EUR | – | x | | 4 000 EUR | – | x |

$$x = \frac{1{,}590 \times 4000}{1} = 6360 \text{ sfr} \qquad x = \frac{1{,}600 \times 4000}{1} = 6400 \text{ sfr}$$

b) Differenz: 40 sfr

2 Deutschland USA
| 1 EUR | – | 1,250 $ | | 1 EUR | – | 1,280 $ |
| 1 200 EUR | – | x | | 1 200 EUR | – | x |

$$x = \frac{1{,}250 \times 1200}{1} = 1500 \text{ \$} \qquad x = \frac{1{,}280 \times 1200}{1} = 1536{,}00 \text{ \$}$$

Umtausch in den USA ist günstiger.

3
| 380 EUR | – | 3 401 skr |
| 1 EUR | – | x |

$$x = \frac{3401 \times 1}{380} = 8{,}95 \text{ skr}$$

4
| 1,75 Kan-$ | – | 1 EUR |
| 875,00 Kan-$ | – | x |

$$x = \frac{1 \times 875}{1{,}75} = 500{,}00 \text{ EUR}$$

5
| 350 EUR | – | 2 870 dkr |
| 1 EUR | – | x |

$$x = \frac{2870 \times 1}{350} = 8{,}20 \text{ dkr}$$

6 4 Pers × 210 Rand = 840 Rand pro Tag
840 Rand × 14 Tage = 11 760 Rand pro 14 Tage

| 6,0308 Rand | – | 1 EUR |
| 11 760,0000 Rand | – | x |

$$x = \frac{1 \times 11760}{6{,}0308} = 1950 \text{ EUR}$$

Vermischte Währungsaufgaben

1   a) 12800 EUR   –   123872 nkr
    1 EUR   –   x

$$x = \frac{123872 \times 1}{12800} = 9{,}678 \text{ nkr}$$

b) 12800 EUR   –   124072 nkr
    1 EUR   –   x

$$x = \frac{124072 \times 1}{12800} = 9{,}693 \text{ nkr}$$

2   125 jap. Yen   –   1 EUR
    350000 jap. Yen   –   x

$$x = \frac{1 \times 350000}{125} = 2800 \text{ EUR}$$

3   1,600 sfr   –   1 EUR
    3200,000 sfr   –   x

$$x = \frac{1 \times 3200}{1{,}6} = 2000 \text{ EUR}$$

1 EUR   –   7,125 dkr
2000 EUR   –   x

$$x = \frac{7{,}125 \times 2000}{1} = 14250 \text{ dkr}$$

alternativ: ? dkr   –   3200 sfr
        1,6 sfr   –   1 EUR
        1 EUR   –   7,125 dkr
        x = 14250 dkr

4   1 EUR   –   1,575 sfr
    2500 EUR   –   x

$$x = \frac{1{,}575 \times 2500}{1} = 3937{,}50 \text{ sfr}$$

1,152 sfr   –   1 $
3937,50 sfr   –   x

$$x = \frac{1 \times 3937{,}50}{1{,}152} = 3417{,}97 \text{ \$}$$

alternativ: ? $ –   2500 EUR
        1 EUR   –   1,575 sfr
        1,152 sfr   –   1 $
        x = 3417,97 $

5   0,676 £   –   1 EUR
    500,000 £   –   x
    x = 739,64 EUR

6 a) 0,8252 $ — 100 %
   1,3885 $ — x

x = 168,26 % → Kurssteigerung 68,26 %

b) 1 EUR — 0,8252 $
   10000 EUR — x

x = 8252 $
   1,3885 $ — 1 EUR
   8252 $ — x

x = 5943,10 EUR

   10000,00 EUR
−   5943,10 EUR
   4056,90 EUR Verlust

10 Der Kettensatz

1
? EUR	–	42 m
11 m	–	12 yds
1 yd	–	9,6 $
1,250 $	–	1 EUR

x = 351,88 EUR

2
? EUR	–	100 g
1000 g	–	1 kg
25,8 kg	–	350 sfr
1,596 sfr	–	1 EUR

x = 0,85 EUR

3
? EUR	–	1 m
11 m	–	12 yds
1 yd	–	18,5 $
1,250 $	–	1 EUR

x = 16,15 EUR

4
? EUR	–	1 m
11 m	–	12 yds
72 yds	–	550 $
1,250 $	–	1 EUR

x = 6,67 EUR

5 Angebot 1
? EUR	–	1 kg
1 kg	–	12,8 sfr
1,587 sfr	–	1 EUR

x = 8,07 EUR

Angebot 2
? EUR	–	1 kg
1 kg	–	4,5 £
0,680 £	–	1 EUR

x = 6,62 EUR

6
? EUR	–	500 g
1000 g	–	1 kg
45,358 kg	–	1 cwt
1 cwt	–	320 £
0,680 £	–	1 EUR

x = 5,18 EUR

7
? sfr	–	185,00 EUR
1 EUR	–	1,600 sfr

x = 296,00 sfr

8
? EUR	–	100 kg
45,358 kg	–	1 cwt
1 cwt	–	24 $
1,250 $	–	1 EUR

x = 42,33 EUR

9
? EUR	–	100 kg
45,358 kg	–	1 cwt
1 cwt	–	19,8 $
1,250 $	–	1 EUR

x = 34,92 EUR

10
? EUR	–	1260 t
1 t	–	41,00 sfr
1,600 sfr	–	1 EUR

x = 32 287,50 EUR

11
? EUR	–	195 F.
1 F.	–	2 qrs
4 qrs	–	1 cwt
1 cwt	–	45,358 kg
100 kg	–	5 $
1,250 $	–	1 EUR

x = 176,90 EUR

12
? EUR	–	100 g
1000 g	–	1 kg
95 kg	–	815 sfr
1,587 sfr	–	1 EUR

x = 0,54 EUR

13
? EUR	–	1 Stück
3200 St.	–	1 000 000 $
1,250 $	–	1 EUR

x = 250,00 EUR

Lehrbuch Seite 111

14
? EUR	–	415 Fässer
1 Fass	–	3,5 qrs
4 qrs	–	45,358 kg
100 kg	–	7,50 US-$
1,2353 US-$	–	1 EUR

$$x = \frac{415 \cdot 3,5 \cdot 45,358 \cdot 7,50 \cdot 1}{1 \cdot 4 \cdot 100 \cdot 1,2353} = 1\,000,00 \text{ EUR}$$

II Lagercontrolling

11 Lagerkalkulation

1 185,00 EUR

2 54 000,00 EUR Lagerkosten : 5 600 m² = 9,64 EUR/m²

3 a) 648 000,00 EUR : 12 = 54 000,00 EUR monatlich
b) 54 000,00 EUR : 11 285 m² = 4,79 EUR/m²
c) 5,29 EUR × 125 m² = 661,25 EUR

4 299,60 EUR

5
    16 500,00 EUR EK
− 1 320,00 EUR Rabatt 8 %
_____

    15 180,00 EUR Ziel-EK
−   379,50 EUR Skonto 2,5 %
_____

    14 800,50 EUR Bar-EK
+   935,00 EUR Bezugskosten
_____

    15 735,50 EUR ESP
+   322,00 EUR Lagerkosten
_____

    16 057,50 EUR SK : 18 400 kg = **0,87 EUR/kg**

6 a) 300 000,00 EUR : 3 Monate = 100 000,00 EUR je Monat
    4 320 m² × 3   = 12 960 m²
    100 000,00 EUR : 12 960 m² = 7,72 EUR/m²

b) 24 m × 8 m = 192 m²

      1 482,24 EUR Lagerkosten   192 m² × 7,72 m²
+   153,60 EUR Gewinn   192 m² × 0,80 EUR
_____

      1 635,84 EUR Nettobetrag
+   310,81 EUR USt 19 %
_____

      1 946,65 EUR Bruttobetrag

c) 1,20 m × 0,8 m = 0,96 m²
   192 m² : 0,96 m² = 200 Paletten × 3 Lagen = **600 Paletten**

7
Einlagerung	150 Paletten × 60,00 EUR	=	9 000,00 EUR
Lagerung	148 Paletten × 3 Monate × 15,00 EUR	=	6 660,00 EUR
	2 Paletten × 2 Monate × 15,00 EUR	=	60,00 EUR
Auslagerung	40 Kartons × 7,50 EUR	=	300,00 EUR
Verwaltung	3 Monate × 400,00 EUR	=	1 200,00 EUR
Nettobetrag			17 220,00 EUR
+ 19 % USt			3 271,80 EUR
Bruttobetrag		=	20 491,80 EUR

8 a)   Stundenlohn   12,50 EUR
     + Lohnnebenkosten   10,00 EUR
_____
      insgesamt   22,50 EUR

Kommissionierkosten je Palette: 22,50 EUR : 5 Paletten = **4,50 EUR**

b) Kommissionierkosten pro 100 kg:

900 kg	–	4,50 EUR
100 kg	–	x

x = <u>0,50 EUR</u>

c) Kommissionierkosten pro Monat: 243 t : 3 = 81 t/Monat
81 t : 0,9 t/Palette = 90 Paletten × 4,50 EUR = <u>405,00 EUR</u>

9 a) 815 kg brutto
<u>– 15 kg Tara</u>
800 kg netto : 5 kg = 160 Pakete

b) 540 000 kg : 800 kg = 675 Paletten

c) a) 22 Tg. × 2 Std. × 30 EUR = 1 320 EUR
b) 1 320 EUR : 675 Paletten = 1,96 EUR/Palette

d) 22 × 2 = 44 Std. × 60 Min. = 2 640 Min. : 675 Paletten = 3,9 Min. = 4 Min.

10 a) 480 000 EUR

b) 480 000 EUR : 240 Tage = 2 000 EUR/Tag

c) – 4 800 m^2 Gesamtlagerfläche (120 × 40)
<u>800 m^2 Verkehrswege (16 2/3 %)</u>
4 000 m^2 Nutzfläche pro Stockwerk × 2 = 8 000 m^2
480 000 EUR : 12 = 40 000 EUR/Monat : 8 000 m^2 = <u>5,00 EUR/m^2</u>

d) Ein-/Auslagerungskosten/Umschlagskosten
80 000 kg : 800 kg/Palette = 100 P × 1,50 = 150,00 EUR
96 000 kg : 800 kg/Palette = 120 P × 1,50 = 180,00 EUR
220 Paletten × 0,10 EUR = <u>22,00 EUR</u> = 352,00 EUR

+ Mietkosten 250 m^2 × 5,00 EUR <u>1 250,00 EUR</u>

Selbstkosten 1 602,00 EUR
+ Gewinnzuschlag 8,5 % <u>136,17 EUR</u>

Nettopreis 1 738,17 EUR
+ USt 19 % <u>330,25 EUR</u>

Bruttopreis 2 068,42 EUR

11 a) Kosten (eigenes Lager) = 50 000 EUR + (0,35 EUR × 384 000 kg)
= <u>184 400 EUR</u>

Kosten (fremdes Lager) = (0,75 EUR × 384 000 kg)
= <u>288 000 EUR</u>

Ergebnis: Die eigene Lagerhaltung ist günstiger.

b) Kosten (eigenes Lager) = Kosten (fremdes Lager)
50 000 + 0,35x = 0,75x
50 000 = 0,4x
<u>125 000</u> = x

Prüfungsaufgaben

1 a) Eigenfertigung:
gleichbleibende (fixe) Kosten   600,00 EUR
veränderliche (variable) Kosten 2,50 EUR · 200 St. = 500,00 EUR
Gesamtkosten   1 100,00 EUR

Fremdbezug:
Gesamtkosten   6,50 EUR · 200 St. = 1 300,00 EUR
Bei einer Monatsproduktion von 200 Stück ist die Eigenfertigung 200,00 EUR günstiger.

b) Fremdbezug = Eigenfertigung
6,50 x = 600 + 2,50 x
4,00 x = 600
     x = 150

2 a)

Raum	Fläche in m²	Preis je m²	Gesamtpreis
EG	1 500	2,00	3 000,00
1. OG	600	1,25	750,00
Insgesamt	2 100		3 750,00

b) 3 750,00 EUR : 1 600 m² = 1,79 EUR/m²
c) − 90 000,00 EUR : 12 = 7 500,00 EUR pro Monat
− 62,5 m · 30 m = 1 875 m² · 2 = 3 750 m²
− 7 500,00 EUR : 3 750,00 EUR/m² = 2,00 EUR/m² und Monat

d)

Raum	Fläche in m²	Preis je m²	Gesamtpreis
EG	1 500	2,00	3 000,00
1. OG	1 500	1,25	1 875,00
2. OG	1 500	1,25	1 875,00
insgesamt	4 500		6 750,00

Die Fremdlagerung kostet 6 750,00 EUR, die Eigenlagerung 7 500,00 EUR.
e) Entscheidung für die Fremdlagerung: − kostengünstiger
                                        − höhere Reserve an Fläche

3 Fremdlager   = Eigenlager
       1,3 x = 8 000 + 0,5 x
       0,8 x = 8 000
           x = 1 000 Stück

Bei einer Lagerung von 1 000 Stück Metallteile ist die Eigenlagerung und die Fremdlagerung gleich teuer.

12 Lagerkennziffern

1 a) MB = 50 × 8 + 150
MB = 550

b)
Höchstbetrag	1200
− eiserner Bestand	150
Bestellmenge	1050

2 a) $\varnothing\text{LB} = \dfrac{\text{AB} + 12\,\text{M.EB}}{13} = 1\,150{,}00\ \text{EUR}$

b) $\text{UH} = \dfrac{\text{WE}}{\varnothing\text{LB}} = \dfrac{6\,900}{1\,150} = 6$

c) $\varnothing\text{LD} = \dfrac{360}{\text{UH}} = \dfrac{360}{6} = 60\ \text{Tage}$

3 a) $\text{UH} = \dfrac{\text{WE}}{\varnothing\text{LB}} = \dfrac{835\,000}{167\,500} = 5$

Voraussetzungen:
(1)
WE =	AB	260 000,00
	+ Zugänge	650 000,00
	− EB	75 000,00
	= WE	835 000,00

(2) $\varnothing\text{LB} = \dfrac{\text{AB} + \text{EB}}{2} = \dfrac{260\,000 + 75\,000}{2}$
$\varnothing\text{LB} = 167\,500$

b) $\varnothing\text{LD} = \dfrac{360}{\text{UH}} = \dfrac{360}{5} = 72\ \text{Tage}$

c) $\text{Lagerzinssatz} = \dfrac{\varnothing\text{LD} \times p}{360} = \dfrac{72 \times 10}{360} = 2\,\%$

4 a) $\text{UH} = \dfrac{\text{WE}}{\varnothing\text{LB}} = \dfrac{1\,980\,000}{99\,000} = 20$

b) $\varnothing\text{LD} = \dfrac{360}{\text{UH}} = \dfrac{360}{20} = 18\ \text{Tage}$

c) $\text{LZ} = \dfrac{\varnothing\text{LD} \times p}{360} = \dfrac{18 \times 10}{360} = 0{,}5\,\%$

d) (1) 0,5 % v. 99 000,00 EUR = 495,00 EUR

(2) $\text{Lagerzinsen} = \dfrac{\varnothing\text{LB} \times \varnothing\text{LD} \times p}{100 \times 360}$
$= \dfrac{99\,000 \times 18 \times 10}{100 \times 360}$
$= 495{,}00\ \text{EUR}$

5 a) $\varnothing\text{LD} = \dfrac{90}{\text{UH}} = \dfrac{90}{3{,}6} = 25\ \text{Tage}$

Voraussetzungen:
(1) $\varnothing\text{LB} = \dfrac{\text{AB} + 3\,\text{M.EB}}{4} = \dfrac{56\,000}{4} = 14\,000{,}00\ \text{EUR}$

(2) $\text{UH} = \dfrac{\text{WE}}{\varnothing\text{LB}} = \dfrac{50\,000}{14\,000} = 3{,}6$

b) $\text{LZ} = \dfrac{\varnothing\text{LD} \times p}{360} = \dfrac{25 \times 8}{360} = 0{,}56\,\%$

c) MB = tägl. Verbr. × Lieferzeit + Mindestbestand
MB = 15 × 5 + 20
MB = 95

6 a) EB = AB + Zugänge − Wareneinsatz
EB = 10 000 + 100 000 − 90 000
EB = 20 000 Stück

b) $\varnothing \text{LB} = \dfrac{\text{AB} + \text{EB}}{2} = \dfrac{30\,000}{2} = 15\,000$ Stück (30 000 EUR)

c) $\text{UH} = \dfrac{\text{WE}}{\varnothing \text{LB}} = \dfrac{90\,000}{15\,000} = 6$

d) $\text{LZ} = \dfrac{\varnothing \text{LB} \times \varnothing \text{LD} \times p}{100 \times 360} = \dfrac{30\,000 \times 60 \times 8{,}5}{100 \times 360} = 425{,}00$ EUR

Voraussetzung: $\varnothing \text{LD} = \dfrac{360}{\text{UH}} = \dfrac{360}{6} = 60$ Tage

7 a) Lieferzeit = $\dfrac{\text{Meldebestand} - \text{Mindestbestand}}{\text{tägl. Verbrauch}}$

Lieferzeit = $\dfrac{360 - 120}{12}$

Lieferzeit = 20 Tage

b) $\varnothing \text{LD} = \dfrac{90}{\text{UH}} = \dfrac{90}{1{,}2} = 75$ Tage

Voraussetzungen:

(1) $\varnothing \text{LB} = \dfrac{\text{AB} + 3\,\text{M.EB}}{4}$

$\varnothing \text{LB} = \dfrac{780 + 360 + 580 + 580}{4}$

$\varnothing \text{LB} = 575$

(2) $\text{UH} = \dfrac{\text{WE}}{\varnothing \text{LB}}$ ⟶ = AB 780
+ Z.   500
− EB   580

$\text{UH} = \dfrac{700}{575}$ ⟵ = WE   700

UH = 1,2

8 a) $\varnothing \text{LB} = \dfrac{\text{AB} + 3\,\text{M.EB}}{4} = \dfrac{50\,000}{4} = 12\,500$

b) $\text{UH} = \dfrac{\text{WE}}{\varnothing \text{LB}}$ ⟶ = AB 13 000
+ Z. 85 700
− EB 11 200

$\text{UH} = \dfrac{87\,500}{12\,500}$ ⟵ = WE 87 500

UH = 7

c) $\varnothing \text{LD} = \dfrac{90}{\text{UH}} = \dfrac{90}{7} = 13$ Tage

d) $\text{LZ} = \dfrac{\varnothing \text{LD} \times p}{360} = \dfrac{13 \times 9{,}25}{360} = 0{,}33\,\%$

e) Meldebestand = 5 × 12 + 20
   Meldebestand = 80

9 a) $\varnothing \text{LB} = \dfrac{\text{AB} + 12\,\text{M.EB}}{13} = \dfrac{364\,000}{13} = 28\,000$

b) $\text{UH} = \dfrac{\text{WE}}{\varnothing \text{LB}} = \dfrac{100\,800}{28\,000} = 3{,}6$ c) $\varnothing \text{LD} = \dfrac{360}{\text{UH}} = \dfrac{360}{3{,}6} = 100\,\text{Tage}$

d) $\varnothing \text{Tagesverbrauch} = \dfrac{\text{WE}}{235} = \dfrac{100\,800}{235} = 428{,}94$

10 a) MB = tägl. Verbr. × Lieferzeit + Mindestbestand
   MB = 90 × 8 + 240
   MB = 720 + 240
   MB = 960

b) Lagerbestand 40. AT (= 1. März)   = 1 320 Stück
   − Bestellbestand (Meldebestand)   = 960 Stück
   noch vorrätig bis zum Bestelltermin   360 Stück
   360 Stück : 90 Stück/Tag = 4 Tage
   Bestelltermin 1
   01.03. + 4 Tg. = 05.03.
   oder
   40 AT + 4 Tg. = 44 AT

c) Bestellzeitpunkte: 1 260 Stück : 90 Stück/Tag = 14 Tage

d) **Bestelltermin 2**
   05.03. + 14 Tg. = 25.03.
   oder
   44 AT + 14 Tg. = 58 AT
   Bestelltermine im März sind demzufolge: 05.03./25.03.

11 a) $\varnothing \text{LD} = \dfrac{360}{\text{UH}} = \dfrac{360}{8} = 45\,\text{Tage}$

b) $\text{Lagerzinssatz} = \dfrac{p \times \varnothing \text{LD}}{360}$

$p = \dfrac{360 \times \text{Lagerzinssatz}}{\varnothing \text{LD}}$

$p = \dfrac{360 \times 1{,}2}{45}$

$p = \underline{\underline{9{,}6\,\%}}$

c) $\text{Lagerzinsen} = \dfrac{\varnothing \text{LB} \times \varnothing \text{LD} \times p}{100 \times 360}$

$\varnothing \text{LB} = \dfrac{\text{Lagerzinsen} \times 100 \times 360}{\varnothing \text{LD} \times p}$

$\varnothing \text{LB} = \dfrac{5\,000 \times 100 \times 360}{45 \times 9{,}6}$

$\varnothing \text{LB} = \underline{\underline{416\,666{,}67\,\text{EUR}}}$

12 a) $\varnothing \text{LD} = \dfrac{360}{\text{UH}} = \dfrac{360}{8} = 45$ Tage

Voraussetzungen:

(1) $\text{UH} = \dfrac{\text{WE}}{\varnothing \text{LB}} = \dfrac{360\,000}{45\,000} = 8$

(2) WE = AB   40 000 Stück
      + Zugänge   370 000 Stück
      – EB   50 000 Stück
      WE   360 000 Stück

(3) $\varnothing \text{LB} = \dfrac{\text{AB} + \text{EB}}{2}$

$\varnothing \text{LB} = 45\,000$ Stück

b) (1) Lagerzinssatz $= \dfrac{p \times \varnothing \text{LD}}{360}$

Lagerzinssatz $= \dfrac{12 \times 45}{360}$

Lagerzinssatz $= 1{,}5\%$

(2) Lagerzinsen $= \varnothing \text{LB} \times$ Lagerzinssatz
Lagerzinsen $= 540\,000{,}00$ EUR $\times\ 1{,}5\%$
Lagerzinsen $= 8\,100{,}00$ EUR

Voraussetzung: $\varnothing \text{LB} = 45\,000$ Stück $\times\ 12{,}00$ EUR/Stück
$\varnothing \text{LB} = 540\,000{,}00$ EUR

13 MB = tägl. Verbrauch $\times$ Lieferzeit + eiserner Bestand
MB = $35 \times 9 + 400$
MB = 715 t

14 a) $\varnothing \text{LB} = \dfrac{\text{AB} + 4\,\text{Q.EB}}{5} = \dfrac{850\,000 + 2\,650\,000}{5} = 700\,000$

b) $\text{UH} = \dfrac{\text{WE}}{\varnothing \text{LB}} = \dfrac{3\,150\,000}{700\,000} = 4{,}5$

c) $\varnothing \text{LD} = \dfrac{360}{\text{UH}} = \dfrac{360}{4{,}6} = 80$ Tage

d) Lagerzinssatz $= \dfrac{p \times \varnothing \text{LD}}{360} = \dfrac{p \times 80}{360} = 2\%$

15 a) MB = täglicher Verbrauch $\times$ Lieferzeit + e.B.

täglicher Verbrauch $= \dfrac{\text{MB} - \text{e.B.}}{\text{Lieferzeit}} = \dfrac{440 - 154}{13} = \underline{\underline{22\ \text{Stück}}}$

b) <u>960 Stück</u>

c) $\varnothing \text{LB} = \dfrac{\text{AB} + 4\ \text{Quartals-EB}}{5}$

$= \dfrac{600 + 370 + 470 + 220 + 260}{5}$

$= \underline{384\ \text{Stück}}$

d) WE = AB + Zugänge − EB
   = 600 + 4100 − 260
   = __4440 Stück__

e) $UH = \dfrac{WE}{\varnothing LB} = \dfrac{4440}{384} = 11{,}56 = 12$

   $\varnothing LD = \dfrac{360}{UH} = \dfrac{360}{12}$
   = 30 Tage

f) Lagerzinssatz $= \dfrac{\varnothing LD \times p}{360} = \dfrac{30 \times 9}{360} = $ __0,75 %__

g) 384 Stück × 40,00 EUR = 15360 EUR

   Lagerzinsen $= \dfrac{\varnothing LB \times \varnothing LD \times p}{100 \times 360}$

   $= \dfrac{15360 \times 30 \times 9}{100 \times 360}$

   = __115,20 EUR__

16 a) 5 × 150 m² = __750 m²__

b) MB = täglicher Verbrauch × Lieferzeit + eiserner Bestand
   = 150 m² × 8 Tage + 750 m²
   = __1950 m²__

c) 6000 Höchstbestand
   − 750 eiserner Bestand
   5250 Bestellmenge

d) 6000 Höchstbestand
   − 1950 Meldebestand
   4050 : 150 m² = __27 Tage__

   Mittwoch 11.05. + 27 Arbeitstage = __Freitag 17.06.__

e) Lieferzeit + Verbrauchsdauer = Zeitspanne
   8 Tage   + 27 Tage   = __35 Tage__

17 a) MB = 5 × 3 + 15 = 30 Stück
b) 100 St. Bestellmenge : 5 St./Tag = 20 Tage

c) $\varnothing LB = \dfrac{40 + 70}{2} = $ 55 Stück × 1,25 EUR = 68,75 EUR

d) WE   = 40 + 1680 − 70 = 1650
   UH   = 1650 : 55   = 30
   $\varnothing$ LD = 360 : 30   = 12 Tage

e) $\varnothing$ Lagerreichweite $= \dfrac{55 \text{ Stück}}{5 \text{ Stück/Tag}} = $ __11 Tage__

Lehrbuch Seiten 132–134

Prüfungsaufgaben

1. a) 0,20 EUR/m³ · 30 Tage = 6,00 EUR/m³ im Monat
   b) 6,00 EUR/m³ · 980 m³ = 5880,00 EUR/Monat
   c) 6 x = 7000
       x = 1166,67 m³
   d) Bei 980 m³ benötigtem Lagerraum ist die Fremdlagerung kostengünstiger.
   e) 0,25 EUR/m³ · 30 Tage = 7,50 EUR/m³ im Monat
       7,50 x = 7000
       x = 2800 m³
       Bei einem Preis von 7,50 EUR/m³ wäre die Eigenlagerung kostengünstiger.
   f) $\text{Ø-LB} = \dfrac{\text{AB} + 3 \text{ Quartals-EB}}{4} = 1972$ Stück
   g) $\text{UH} = \dfrac{\text{Wareneinsatz}}{\text{Ø-LB}} = \dfrac{6902}{1972} = 3,5$
   h) $\text{Ø-LD} = \dfrac{270}{3,5} = 78$ Tage
   i) Erhöhung der Umschlagshäufigkeit, z.B. durch Senkung des Ø-LB oder Erhöhung des Wareneinsatzes.
   j) Die Senkung der Ø-LD führt zu einer Senkung des Lagerrisikos, z.B. durch Verderb oder technische Veraltung.
   k) Ø-LB, Ø-LD $z = \dfrac{\text{Ø-LB} \cdot \text{Ø-LD} \cdot p}{100 \cdot 360}$
   l) Den Zinssatz der Banken (p).

2. a)
AB	0 kg
+ Zugänge	32000 kg
− Abgänge	30800 kg
EB	1200 kg

   b) $\text{Ø-LB} = \dfrac{\text{AB} + 4 \text{ Quartals-EB}}{5}$

   $\text{Ø-LB} = \dfrac{0 + 1600 + 800 + 400 + 1200}{5}$

   Ø-LB = 800 kg

   c) (1) WE:
AB	0 kg
+ Zugänge	32000 kg
− EB	1200 kg
WE	30800 kg

      (2) $\text{UH} = \dfrac{\text{WE}}{\text{Ø-LB}}$

           $\text{UH} = \dfrac{30800}{800}$

           UH = 38,5

      (3) $\text{Ø-LD} = \dfrac{360}{\text{UH}}$

          Ø-LD = 9,35 Tage = 10 Tage

   Hinweis: Tage werden bei der Berechnung der Lagerdauer grundsätzlich aufgerundet!

Lehrbuch Seite 134

d) – Wareneinsatz (Verkäufe) zu niedrig
– Ø-LB zu hoch
e) Eine erhöhte Lagerdauer führt zu einer verringerten Wirtschaftlichkeit, da:
– zusätzliche Kosten für z.b. Lagerung, Pflege entstehen,
– ein erhöhtes Risiko zu beachten ist,
– die Kapitalbindung zu lang ist.

f)

Jahr: 2008	Zugänge in kg	EK pro kg	Abgänge in kg	Bestand in kg	**Wert in EUR**
AB				0	**0,00**
05.01.08	8 000	4,22		8 000	**33 760,00**
03.02.08			6 400	1 600	
05.04.08	8 000	4,17		9 600	**33 360,00**
08.06.08			8 800	800	
05.07.08	8 000	4,47		8 800	**35 760,00**
07.09.08			8 400	400	
05.10.08	8 000	4,34		8 400	**34 720,00**
06.12.08			7 200	1 200	
EB				1 200	
Summe	32 000				**137 600,00**

Durchschnittlicher EK $= \dfrac{137\,600,00 \text{ EUR}}{32\,000 \text{ kg}}$ alternativ: $\dfrac{4,22 + 4,17 + 4,47 + 4,34}{4}$

Durchschnittlicher EK = 4,30 EUR/kg   alternativ = 4,30 EUR/kg

g) Wert des Teilelagers am 31.12.   Wert des Teilelagers am 31.12.
Normalfall: Alternative:
= 1 200 kg · 4,30 EUR/kg   = 1 200 kg · 4,50 EUR/kg
= 5 160,00 EUR   = 5 400,00 EUR

h) Ersparnis gegenüber dem
Normalfall: Alternative:
32 000 kg · 4,22 EUR = 135 040,00 EUR   32 000 kg · 4,22 = 135 040,00 EUR
32 000 kg · 4,30 EUR = 137 600,00 EUR   32 000 kg · 4,50 = 144 000,00 EUR
Ersparnis   = 2 560,00 EUR   Ersparnis   = 8 960,00 EUR

i) – Das vorhandene Lager ist nicht groß genug, um die benötigte Menge auf einmal zu lagern,
– die finanziellen Mittel sind nicht groß genug, um die benötigte Menge auf einmal zu bezahlen,
– die Kapitalbindung wäre zu hoch.

j) (1) 200 Waren   33 760,00 EUR
       260 Vorsteuer   6 414,40 EUR
       an 44 Verbindlichkeiten   40 174,40 EUR
   (2) 44 Verbindlichkeiten   40 174,40 EUR
       an 280 Bank   40 174,40 EUR

III Frachtrechnen

13 Entgeltberechnung im Versandbereich

13.1 Entgeltberechnung im Bereich von Briefen und Kleinstsendungen

13.1.1 Briefversendungen

1 Porto 1,45 EUR

2 Porto   8,50 EUR
  + Frühzust.   10,00 EUR
  insgesamt   18,50 EUR

3 a) Porto   1,45 EUR
     + Einschreiben   2,05 EUR
     + Rückschein   1,80 EUR
     = insgesamt   5,30 EUR

   b) Porto   7,50 EUR
     + Frühzust.   4,00 EUR
     = insgesamt   11,50 EUR

   c) USA 2,00 EUR   Frankreich 0,70 EUR   Schweiz 2,50 EUR

4 4,5 × 104,00 EUR = 468,00 EUR + 19% USt = 556,92 EUR

5 a) Porto   2,20 EUR   b) Porto   2,20 EUR
     + Einschreiben   2,05 EUR   + Nachnahme   2,00 EUR
     insgesamt   4,25 EUR   insgesamt   4,20 EUR

6 a) 45 × 92,00 EUR = 4 140,00 EUR + 19% USt = 4 926,60 EUR
   b) 45 000 × 0,04 EUR = 1 800,00 EUR
      Ersparnis = 3 126,60 EUR

7 Briefe   a)   8 × 0,90 EUR   =   7,20 EUR
                b)   78 × 1,45 EUR   = 113,10 EUR
   Infopost   500 × 0,25 EUR   = 125,00 EUR
   Wurfsendung   3 × 104,00 EUR +19% USt = 371,28 EUR

8 Porto 1,28 EUR

9 getrennte Abrechnung: zusammen: Ersparnis:
    1,45 EUR   2,20 EUR   4,35 EUR
    0,55 EUR
    2,20 EUR
    0,90 EUR
    1,45 EUR
  = 6,55 EUR

Lehrbuch Seiten 141–145

10 a) 120 Briefe × 0,25 EUR = 30,00 EUR
  b) 670 Briefe/35 g/Infopost-Kompakt
    (35 g − 20) × 0,352 ct + 28 ct = 5 ct + 28 ct
    670 Briefe × 0,33 EUR = 221,10 EUR
  c) 890 Briefe/115 g/Infopost-Groß
    (115 g − 100) × 0,046 ct + 64 ct = 1 ct + 64 ct
    890 Briefe × 0,65 EUR = 578,50 EUR
  d) 750 Briefe/65 g/Infopost-Maxi
    (65 g − 20) × 0,352 ct + 73 ct = 16 ct + 73 ct
    750 Briefe × 0,89 EUR = 667,50 EUR
  e) 1 280 Briefe/230 g/Infopost-Maxi
    (230 g − 100) × 0,046 ct + 101 ct = 6 ct + 101 ct
    1 380 Briefe × 1,07 EUR = 1 476,60 EUR

  insgesamt 2 973,70 EUR

11 a) Porto 2,20 EUR
  + Übergabe-Einschreiben 2,05 EUR
  + Rückschein 1,80 EUR
  = insgesamt 6,05 EUR
  b) Porto 1,45 EUR
  + Übergabe-Einschreiben 2,05 EUR
  + Eigenhändig 1,80 EUR
  = insgesamt 5,30 EUR

13.1.2 Kleinstsendungen

13.1.2.1 Paketversendungen mit der Deutschen Post AG

1 a) Nr. 4; Gewicht > 20 kg
  b) Nr. 2; Alternative Päckchen

  c)

Nr.	Porto/Stück	Anzahl	Gesamt
1	9,90 EUR	× 1	= 9,90 EUR
2	6,90 EUR	× 2	= 13,80 EUR
3	9,90 EUR	× 2	= 19,80 EUR
5	6,90 EUR	× 3	= 20,70 EUR

  insgesamt 64,20 EUR

2 Gebühr 3,90 EUR
3 Gebühr 9,90 EUR
  + Zuschlag (sperrige Pakete) 20,00 EUR
  insgesamt 29,90 EUR
4 Gebühr 9,90 EUR
  + Zuschlag (Frühzustellung vor 10:00 Uhr) 23,00 EUR
  insgesamt 32,90 EUR
5 Gebühr = 12,90 EUR
6 Gebühr 9,90 EUR
  + Zuschlag 17,00 EUR
  insgesamt 26,90 EUR
7 Gebühr 8,60 EUR (Päckchen) / 13,50 EUR (Pluspäckchen)

8 a) Gebühr 9,90 EUR
　　b) Gebühr 2,20 EUR
　　　+ Einschreibegeb. 2,05 EUR
　　　+ Rückschein 1,80 EUR
　　　insgesamt 6,09 EUR
　　c) Gebühr (5 × 1,00 EUR) 5,00 EUR
　　d) Gebühr 9,00 EUR
　　　+ Frühzustellung vor 9:00 Uhr 21,00 EUR
　　　insgesamt 30,00 EUR

9 a) Gebühr   4 × 9,90 EUR   = 36,60 EUR
　　b) Gebühr   = 12,90 EUR
　　c) Gebühr   8 × 3,90 EUR   = 31,20 EUR
　　d) Gebühr   2 × 9,90 EUR   = 19,80 EUR
　　　+ Zuschlag 2 × 20,00 EUR = 40,00 EUR = 59,80 EUR

10 a) Gebühr   25 × 0,90 EUR   = 22,50 EUR
　　b) Gebühr   1 × 3,90 EUR   = 3,90 EUR
　　c) Gebühr   5 × 15,90   = 79,50 EUR
　　d) Gebühr   75 × 1,10 EUR / Infopost-Maxi   = 82,50 EUR
　　　(200 × 0,046 + 101 ct = 9 ct + 101 ct = 110 ct)

11 Argentinien = Zone 4
　　Gebühr (Zone 4 / 17,8 kg)   = 82,00 EUR
　　+ Zuschlag für Premium Service   = 84,00 EUR   = 166,00 EUR

12 Gebühr   =   9,90 EUR
　　+ Zuschlag   = 32,90 EUR   = 32,90 EUR

13 Gebühr (Pluspäckchen, Welt / 1,7 kg)   = 26,50 EUR

14 Grundpreis   9,90 EUR
　　+ Nachnahmezuschlag   4,00 EUR
　　+ Übermittlungsentgelt   2,00 EUR
　　insgesamt   15,90 EUR

13.1.2.2 Paketversendungen mit privaten Paketdiensten

1 Gebühren in EUR
Abholung beim Absender/Zustellung frei Haus Empfänger

	DPD	UPS	Deutsche Post AG
Gebühr 29,8 kg	16,00	18,70	12,90
+ Abholzuschlag		6,95	
	16,00	25,65	12,90
+ USt 19 %	3,04	4,87	
Bruttogebühr	19,04	30,52	12,90

2 Gebühren in EUR
Abholung beim Absender/Zustellung frei Haus Empfänger

	UPS	Deutsche Post AG
Gebühr 15,8 kg	12,20	9,90
+ Abholzuschlag	6,95	
+ Inselzuschlag	6,50	
	25,65	9,90
+ USt 19 %	4,87	
Bruttogebühr	30,52	9,90

Lehrbuch Seiten 148–151

3
- Gebühr 26,3 kg   16,00 EUR
- Gebühr 19,9 kg   12,00 EUR
- Gebühr 22,8 kg   14,00 EUR
                        42,00 EUR
+ USt   7,98 EUR
Gesamtgebühr   49,98 EUR

4 Gebühr 6,9 kg   6,45 EUR
+ Abholzuschlag   6,95 EUR
                        13,40 EUR
+ USt   2,55 EUR
Gesamtgebühr   15,95 EUR

Prüfungsaufgabe

a) 1 080,00 EUR   Listenpreis
   −   54,00 EUR   Rabatt 5 %
    1 026,00 EUR   Ziel-VK
   +   60,50 EUR   Transportkosten 110 km · 0,55 EUR/km
    1 086,50 EUR   Netto-VK
   + 206,44 EUR   USt
    1 292,94 EUR   Brutto-VK

b) 1 292,94 EUR   Brutto-VK
   −   38,79 EUR   Skonto 3 %
    1 254,15 EUR   Überweisungsbetrag

c) 200   Waren   1 026,00
   2001   Bezugskosten   60,50
   260   Vorsteuer   206,44
   an 44 Verbindlichkeiten   1 292,94

   44   Verbindlichkeiten   1 292,94
   an 280 Bank   1 292,94

d) 540,00 EUR VK
   + 60,00 EUR Transportkosten 18 kg/Zone 2
    600,00 EUR Rechnungsbetrag

e)   1,00 EUR   −   1,6025 sfr
   600,00 EUR   −   x
   x = 961,50 sfr

13.1.2.3 IC-Kuriergut

1 IC-Kuriergut 17,0 kg/Bhf.-Bhf.   108,00 + 19 % USt = 128,52 EUR
2 IC-Kuriergut 18,9 kg/Bhf.-Haus   147,00 + 19 % USt = 174,93 EUR
3 IC-Kuriergut 2,8 kg/Haus-Haus   160,00 + 19 % USt = 190,40 EUR
4 IC-Kuriergut 13,4 kg/Haus-Haus   173,00 + 19 % USt = 205,87 EUR
5 IC-Kuriergut 17,4 kg/Bhf.-Bhf.   108,00 + 19 % USt = 128,52 EUR

13.2 Entgeltberechnung im Bereich der Kleingüter
13.2.1 Entgeltberechnung für Güter mit Nomalgröße

			EUR
1	a)	Frachtgut 712 kg/410 km	235,30
		+ USt	44,71
		insgesamt	280,01
	b)	Frachtgut 1 580 kg/600 km	369,80
		+ USt	70,26
		insgesamt	440,06
	c)	Frachtgut 98 kg/375 km	54,50
		+ USt	10,36
		insgesamt	64,86
	d)	Frachtgut 125 kg/815 km	76,10
		+ USt	14,46
		insgesamt	90,56
	e)	Frachtgut 918 kg/535 km	283,70
		+ USt	53,90
		insgesamt	337,60
	f)	Frachtgut 2035 kg/75 km	257,50
		+ USt	48,93
		insgesamt	306,43
	g)	Frachtgut 98 kg/111 km	42,90
		+ USt	8,15
		insgesamt	51,05
2		Frachtgut 489,7 kg/285 km	162,90
		+ USt	30,95
		insgesamt	193,85
3		Expressgut 77 kg/490 km	61,90
		+ USt	11,76
		insgesamt	73,66
4		Expressgut-Plus 53 kg/217 km	72,00
		+ USt	13,68
		insgesamt	85,68
5		Frachtgut-Gitterboxpaletten 250 kg/285 km	97,80
		+ USt	18,58
		insgesamt	116,38
6		Expressgut 87,6 kg/935 km	67,60
		+ USt	12,84
		insgesamt	80,44
7		Expressgut 875 kg/718 km	310,50
		+ USt	59,00
		insgesamt	369,50

Lehrbuch Seiten 154–155

		EUR
8	IC-Kuriergut 9,8 kg/Haus-Haus	160,00
	+ USt	30,40
	insgesamt	190,40
9	Fracht 933 kg/625 km	291,80
	+ USt	55,44
	insgesamt	347,24
10	Fracht 579 kg/437 km	204,50
	+ Marge 5 %	10,20
		214,70
	+ USt	40,79
	insgesamt	255,49
11	Expressgut 33,8 kg/290 km	32,40
	+ USt	6,16
	insgesamt	38,56
12	Expressgut-Plus 43 kg/617 km	74,00
	+ USt	14,06
	insgesamt	88,06
13	Frachtgut 1 000 kg/285 km	247,60
	− Marge 6 %	14,90
		232,70
	+ USt	44,21
	insgesamt	276,91
14	Frachtgut 1 420 kg/213 km	290,80
	+ USt	55,25
	insgesamt	346,05
15	Frachtgut 1 897 kg/477 km	394,10
	+ Marge 3 %	11,80
		405,90
	+ USt	77,12
	insgesamt	483,02
16	Expressgut (umsatzsteuerfrei) 138,7 kg/705 km	89,60
17	Frachtgut / Euro-Flachpalette 150 kg/77 km	52,30
	+ USt	9,94
	insgesamt	62,24
18	Frachtgut 1 785 kg/317 km	354,30
	+ USt	67,32
	insgesamt	421,62

19	Frachtgut 2 409 kg/196 km				366,80
	+ USt				69,69
	insgesamt				436,49
20	Frachtgut 2 867 kg/319 km				488,10
	− Marge 4 %				19,52
					468,58
	+ USt				89,03
	insgesamt				557,61
21	Frachtgut 1 354 kg/675 km				353,10
	+ Marge 3 %				10,59
					363,69
	+ USt				69,10
	insgesamt				432,79
22	a) IC-Kuriergut/Express Plus/DPD/UPS/Post Express Paket				
	b) − IC-Kuriergut 17,6 kg/Haus-Haus				186,00
	+ USt				35,34
	insgesamt				221,34
	− Gebühr				9,90
	+ Zuschlag (Zustellung vor 9:00 Uhr)				33,00
	insgesamt				42,90
	− ExpressPlus				60,00
	+ USt				11,40
	insgesamt				71,40
23	a) Post Express Paket/DPD/UPS/German Parcel etc.				
	b) Expressgut 23,8 kg/235 km				27,10
	+ USt				5,15
	insgesamt				32,25

		Express-Plus	Express	IC-Kuriergut	Post Express Paket
24	a)				
	b)	57,00	30,00	160,00	6,90
		10,83	5,70	30,40	12,50 (Zuschlag)
		67,83	35,70	190,40	19,40
	c) IC-Kuriergut				

13.2.2 Entgeltberechnung für sperrige Güter

1 34 dm × 11 dm × 8 dm = 2992 dm^3 : 10 × 1,5 = 448,80 kg = 449 kg
Fracht 449 kg 1 397 km   161,20 EUR
+ USt   30,63 EUR

insgesamt   191,83 EUR

2 38 dm × 13 dm × 10 dm = 4940 dm^3 : 10 × 1,5 = 741 kg
Fracht 741 kg/817 km   262,30 EUR
+ USt   49,84 EUR

insgesamt   312,14 EUR

3 6785 dm^3 : 10 × 1,5 = 1017,75 kg = 1018 kg
Fracht 1 018 kg/217 km   245,50 EUR
+ USt   46,65 EUR

insgesamt   292,15 EUR

4 Frachtstück 1:   18 × 9 × 5   =   810 dm^3
    Frachtstück 2:   40 × 12 × 8   = 3 840 dm^3
    Frachtstück 3:   18 × 10 × 7   = 1 260 dm^3

insgesamt   5 910 dm^3

5 910 : 10 × 1,5 = 886,5 kg
Fracht 887 kg/487 km   263,00 EUR
+ USt   49,97 EUR

insgesamt   312,97 EUR

5 38 dm × 12 dm × 7 dm = 3192 dm^3 : 10 × 1,5 = 478,80 kg
Fracht 479 kg/623 km   274,00 EUR
+ USt   52,06 EUR

insgesamt   326,06 EUR

6 40 dm × 19 dm × 10 dm = 7600 dm^3 : 10 × 1,5 = 1140 kg
Fracht 1 140 kg/578 km   313,80 EUR
− 6 % Marge (18,83 EUR = 18,80 EUR)   18,80 EUR

                                                           295,00 EUR
+ USt   56,05 EUR

insgesamt   351,05 EUR

13.3 Abrechnung im Wagenladungsverkehr
– Entgeltberechnung bei der Deutschen Bahn AG –

13.3.1 Frachtberechnung mittels Koeffizienten

1 Fracht 23 t/379 km/Drehgestellwagen/Preisliste 130

726,03 × 1,093 = (793,55)	794,00 EUR
+ USt	150,86 EUR
insgesamt	944,86 EUR

2 Fracht 7 t/615 km/Achsenwagen/Preisliste 130

1 051,22 × 0,744 = (782,11)	782,00 EUR
+ USt	148,58 EUR
insgesamt	930,58 EUR

3 Fracht 25 t/560 km/Achsenwagen/Preisliste 130

983,21 × 1,000 = (983,21)	983,00 EUR
– Marge 7 % (68,81)	69,00 EUR
	914,00 EUR
+ USt	173,66 EUR
insgesamt	1 087,66 EUR

13.3.2 Frachtberechnung in Euro je Tonne aufgelieferter Ware

1 Fracht 27 t/615 km/Einzelwagen/Preisliste 100

33,42 × 27 = (902,34)	902,00 EUR
+ USt	171,38 EUR
insgesamt	1 073,38 EUR

2 Fracht 29 t/473 km/Einzelwagen/Preisliste 100

34,71 × 29 = (1 006,59)	1 007,00 EUR
– Marge 3 % (30,21)	30,00 EUR
	977,00 EUR
+ USt	185,63 EUR
insgesamt	1 162,63 EUR

3 Fracht 24 t/432 km/Einzelwagen/Preisliste 100

29,72 × 24 t = (713,28)	713,00 EUR
– Marge 35 % (249,55)	250,00 EUR
	463,00 EUR
+ USt	87,97 EUR
insgesamt	550,97 EUR

13.3.3 Frachtberechnung in Euro je verwendete Wagenart

1 Fracht 45 t/725 km/Drehgestellwagen/allg. Preisliste/Tafel 2

750 km/45 t =	3 319,00 EUR
+ USt	630,61 EUR
insgesamt	3 949,61 EUR

2 Fracht 20 t/213 km/Achsenwagen/allg. Preisliste/Tafel 1

220 km/20 t =	724,00 EUR
+ USt	137,56 EUR
insgesamt	861,56 EUR

Vermischte Aufgaben zu sämtlichen Frachtberechnungsmethoden

1 Fracht 22 t/375 km/Drehgestellwagen/Preisliste 130

726,03 EUR × 1,067 = (774,67)	775,00 EUR
+ USt	147,25 EUR
insgesamt	922,25 EUR

2 Fracht 37 t/870 km/Drehgestellwagen/Preisliste 130

1 297,66 × 1,480 = (1 920,54)	1 921,00 EUR
+ USt	364,99 EUR
insgesamt	2 285,99 EUR

3 Fracht 29 t/573 km/2 Gelenkwagen/Preisliste 130

1 008,27 × 1,246 × 2 = (2 512,61)	2 513,00 EUR
− Marge 2 % (50,26)	50,00 EUR
	2 463,00 EUR
+ USt	467,97 EUR
insgesamt	2 930,97 EUR

4 Fracht 13 t/362 km/Achsenwagen/allg. Preisliste/Tafel 1

380 km/13 t =	805,00 EUR
+ USt	152,95 EUR
insgesamt	957,95 EUR

5 Fracht 27 t/97 km/Drehgestellwagen/Preisliste 130

333,36 EUR × 1,195 = (398,37)	398,00 EUR
+ USt	75,62 EUR
insgesamt	473,62 EUR

6 Fracht 58 t/635 km/Wagengruppe/Preisliste 100

37,84 EUR × 58 t (2 194,77)	2 195,00 EUR
− Marge 40 % (878,00)	878,00 EUR
	1 317,00 EUR
+ USt	250,23 EUR
insgesamt	1 567,23 EUR

7 Fracht 39 t/625 km/Einzelwagen/Preisliste 100

33,79 × 39 t = (1 317,81)	1 318,00 EUR
− Marge 30 % (395,40)	395,00 EUR
	923,00 EUR
+ USt	175,37 EUR
insgesamt	1 098,37 EUR

8 a) Fracht 30 t/762 km/
  – Achsenwagen   /Allg. Preisliste   1 976,00 EUR
  – Drehgestellwagen/Allg. Preisliste   2 444,00 EUR
  Der Achsenwagen ist um 163,00 EUR günstiger.

  b) Fracht 30 t/762 km/Achsenwagen   1 976,00 EUR
     – Marge 12 %   (237,12)   237,00 EUR
                                                        1 739,00 EUR
     + USt   330,41 EUR
     insgesamt   2 069,41 EUR

  Lehrbuch Seiten 165–171

9 a) 19,85 m : 0,60 m = 33 ⎫
     2,60 m : 0,60 m = 4   ⎬ = 528 Metallgehäuse
     2,80 m : 0,60 m = 4   ⎭
  b) 528 × 38,5 kg   = 20 328 kg
  c) Fracht 20 t/370 km/Drehgestellwagen/Preisliste 130
     712,23 × 1,016 = (723,63)   724,00 EUR
     – Marge 30 %   (217,20)   217,00 EUR
                                                          507,00 EUR
     + USt   96,33 EUR
     insgesamt   603,33 EUR

13.4 Entgeltberechnung im Bereich des Güterkraftverkehrs

13.4.1 Ermittlung der Lkw-Maut

1

Ausgangsort und	Empfangsort	mautpflichtige km	Maut in EUR
01067 Dresden	85049 Ingolstadt	369	45,76
	78098 Triberg	588	72,91
	96047 Bamberg	269	33,36
01187 Dresden	18055 Rostock	311	38,56
	33098 Paderborn	427	52,95
	20095 Hamburg	478	59,27
	52062 Aachen	622	77,13

2 Mautpflichtige Strecke 484 km × 0,124 EUR = 60,02 EUR
3 Mautpflichtige Strecke 369 km × 0,124 EUR = 45,76 EUR

13.4.2 Frachtrechnung mithilfe der Kostentabellen

13.4.2.1 Kostentabelle I – Tages- und Kilometersätze

1 Tagessatz 18 t/7 Std.   352,59 EUR
    + Kilometersatz 0,56 × 95 km   53,20 EUR
                                                        405,79 EUR
    + USt   77,10 EUR
    insgesamt   482,89 EUR

Lehrbuch Seiten 171–172

2	Tagessatz 12 t/6,5 Std.	337,60 EUR
	+ Kilometersatz 0,46 × 125 km	57,50 EUR
		395,10 EUR
	+ USt	75,07 EUR
	insgesamt	470,17 EUR

3	Tagessatz 8 t/8 Std.	323,37 EUR
	+ Kilometersatz 0,39 × 87 km	33,93 EUR
		357,30 EUR
	− 15 % Marge v. 357,30	53,60 EUR
		303,70 EUR
	+ USt	57,70 EUR
	insgesamt	361,40 EUR

4	1/8 Tagessatz 6 t/3 Std. × 39,44 EUR	118,32 EUR
	+ Kilometersatz 0,36 × 35 km	12,60 EUR
		130,92 EUR
	+ USt	24,87 EUR
	insgesamt	155,79 EUR

5	Tagessatz 10 t/6,5 Std.	331,26 EUR
	+ Kilometersatz 0,42 × 170 km	71,40 EUR
		402,66 EUR
	− 6 % Marge v. 402,66 EUR	24,16 EUR
		378,50 EUR
	+ USt	71,92 EUR
	insgesamt	450,42 EUR

6	Tagessatz 24 t/8 Std.	371,12 EUR
	+ 1/8 Tagessatz 1 Std. × 46,39 EUR	46,39 EUR
	+ Kilometersatz 0,62 × 295 km	182,90 EUR
		600,41 EUR
	+ Maut 0,124 × 120 km	28,80 EUR
		629,21 EUR
	+ USt	119,55 EUR
	insgesamt	748,76 EUR

7	Tagessatz 8 t/6,5 Std.	323,37 EUR
	+ Kilometersatz 0,39 × 228 km	88,92 EUR
		412,29 EUR
	− 5 % Marge v. 412,29 EUR	20,61 EUR
		391,68 EUR
	+ USt	74,42 EUR
	insgesamt	466,10 EUR

8	Tagessatz 12 t/8 Std. (81/4 Std. = 9 Std.)	337,60 EUR
	+ 1/8 Tagessatz 1 Std. × 42,20 EUR	42,20 EUR
	+ Kilometersatz 0,46 × 195 km	89,70 EUR
		469,50 EUR
	+ Maut 0,124 × 42 km	5,21 EUR
		474,71 EUR
	+ USt	90,19 EUR
	insgesamt	**564,90 EUR**

13.4.2.2 Kostentabelle II – Stundensätze

1	Std.Satz 12 t = 46,76 EUR × 8 Std.	374,08 EUR
	+ USt	71,08 EUR
	insgesamt	**445,16 EUR**
2	Std.Satz 8 t = 44,34 EUR × 3 Std.	133,02 EUR
	+ 6% Marge	7,98 EUR
		141,00 EUR
	+ USt	26,79 EUR
	insgesamt	**167,79 EUR**
3	Std.Satz 6 t = 43,97 EUR × 9 Std.	387,63 EUR
	+ USt	73,65 EUR
	insgesamt	**461,28 EUR**
4	Std.Satz 15 t = 48,21 EUR × 10 Std.	482,10 EUR
	− 20% Marge	96,42 EUR
		385,68 EUR
	+ Maut 0,124 × 65 km	8,06 EUR
		393,74 EUR
	+ USt	74,81 EUR
	insgesamt	**468,55 EUR**
5	Std.Satz 5 t = 42,43 EUR × 3 Std.	127,29 EUR
	+ USt	24,19 EUR
	insgesamt	**151,48 EUR**
6	Std.Satz 12 t = 46,76 EUR × 7 Std.	327,32 EUR
	− 15% Marge	49,10 EUR
		278,22 EUR
	+ USt	52,86 EUR
	insgesamt	**331,08 EUR**
7	Std.Satz 24 t = 52,58 EUR × 8 Std.	420,64 EUR
	− 5% Marge	21,03 EUR
		399,61 EUR
	+ Maut 0,124 × 25 km	3,10 EUR
		402,71 EUR
	+ USt	76,51 EUR
	insgesamt	**479,22 EUR**

13.4.2.3 Kostentabelle III – Leistungssätze

1 Fracht 13 200 kg = 13,2 t/272 km

13-t-Satz = 46,84 EUR × 13,2 t =	618,29 EUR
14-t-Satz = 44,41 EUR × 14 t =	621,74 EUR
Abrechnung: 13-t-Satz	
Fracht 13-t-Satz	618,29 EUR
− 15% Marge	92,74 EUR
	525,55 EUR
+ Maut 0,124 × 200 km	24,80 EUR
	550,35 EUR
+ USt	104,57 EUR
insgesamt	654,92 EUR

2 Fracht 8 150 kg = 8 200 kg = 8,2 t/32 km

8-t-Satz = 16,92 EUR × 8,2 t =	138,74 EUR
9-t-Satz = 15,51 EUR × 9 t =	139,59 EUR
Abrechnung: 8-t-Satz	
Fracht 8-t-Satz	138,74 EUR
+ USt	26,36 EUR
insgesamt	165,10 EUR

3 Fracht 13,5 t/378 km

13-t-Satz = 60,82 EUR × 13,5 t =	821,07 EUR
14-t-Satz = 57,62 EUR × 14 t =	806,68 EUR
Abrechnung: 14-t-Satz	
Fracht 14-t-Satz	806,68 EUR
− 8% Marge	64,53 EUR
	742,15 EUR
+ Maut 0,124 × 310 km	38,44 EUR
	780,59 EUR
+ USt	148,31 EUR
insgesamt	928,90 EUR

4 Fracht 10 370 kg = 10 400 kg = 10,4 t/48 km

10-t-Satz = 18,40 EUR × 10,4 t =	191,36 EUR
11-t-Satz = 17,16 EUR × 11 t =	188,76 EUR
Abrechnung: 11-t-Satz	
Fracht 11-t-Satz	188,76 EUR
+ USt	35,86 EUR
insgesamt	224,62 EUR

5 Fracht 8,5 t/218 km

8-t-Satz = 60,68 EUR × 8,5 t =	515,78 EUR
9-t-Satz = 55,22 EUR × 9 t =	496,98 EUR
Abrechnung: 9-t-Satz	
Fracht 9-t-Satz	496,98 EUR
+ USt	94,43 EUR
insgesamt	591,41 EUR

6 Fracht 11 875 kg = 11 900 kg = 11,9 t/87 km
11-t-Satz = 26,09 EUR × 11,9 t =   310,47 EUR
12-t-Satz = 24,45 EUR × 12   t =   293,40 EUR

Abrechnung: 12-t-Satz	
Fracht 12-t-Satz	293,40 EUR
− 15% Marge	44,01 EUR
	249,39 EUR
+ USt	47,37 EUR
insgesamt	296,67 EUR

Vermischte Aufgaben

1 Tafel 1

Tagessatz 10 t/7 Std.	331,26 EUR
+ Kilometersatz 0,42 × 478 km	200,76 EUR
	532,02 EUR
+ USt	101,08 EUR
insgesamt	633,10 EUR

2 Tafel 3
Fracht 7 358 kg = 7 400 kg = 7,4 t/83 km
7-t-Satz = 35,68 EUR × 7,4 t =   264,03 EUR
8-t-Satz = 32,04 EUR × 8   t =   256,32 EUR

Abrechnung: 8-t-Satz	
Fracht 8-t-Satz	256,32 EUR
+ USt	48,70 EUR
insgesamt	305,02 EUR

3 Tafel 2

Std.Satz 14-t = 47,72 EUR × 8 Std. =	381,76 EUR
+ USt	72,53 EUR
insgesamt	454,29 EUR

4 Tafel 3
Fracht 9 415 kg = 9 500 kg = 9,5 t/282 km
9-t-Satz = 67,16 EUR × 9,5 t =   638,02 EUR
10-t-Satz = 61,85 EUR × 10   t =   618,50 EUR

Abrechnung: 10-t-Satz	
Fracht 10-t-Satz	618,50 EUR
+ USt	117,52 EUR
insgesamt	736,02 EUR

Lehrbuch Seite 176

5 Tafel 3
Fracht 6 300 kg = 6,3 t/199 km
6-t-Satz = 74,64 EUR × 6,3 t =   470,23 EUR
7-t-Satz = 65,56 EUR × 7   t =   458,92 EUR

Abrechnung: 7-t-Satz
Fracht 7-t-Satz   458,92 EUR
+ USt   87,19 EUR

insgesamt   <u>546,11 EUR</u>

6 Tafel 1
1/8 Tagessatz 6 t/3 Std. × 39,44 EUR   118,32 EUR
+ Kilometersatz 0,36 × 35 km   12,60 EUR

    130,92 EUR
+ USt   24,87 EUR

insgesamt   <u>155,79 EUR</u>

7 Tafel 1
Tagessatz 24 t/8 Std.   371,12 EUR
+ 1/8 Tagessatz 46,39 EUR × 1 Std.   46,39 EUR
+ Kilometersatz 0,62 × 475 km   294,50 EUR

    712,01 EUR
+ Maut 0,124 × 340 km   42,16 EUR

    754,17 EUR
+ USt   143,29 EUR

insgesamt   <u>897,46 EUR</u>

8 Tafel 2
Std.Satz 7 t = 43,71 EUR × 9 Std.   393,39 EUR
+ USt   74,74 EUR

insgesamt   <u>468,13 EUR</u>

9 a) Tafel 2
Std.Satz 14 t = 47,72 EUR × 7 Std.   334,04 EUR
+ USt   63,47 EUR

insgesamt   <u>397,51 EUR</u>

b) Tafel 1
Tagessatz 14 t/6,5 Std.   341,62 EUR
+ Kilometersatz 0,50 × 192 km   96,00 EUR

    437,62 EUR
+ USt   83,15 EUR

insgesamt   <u>520,77 EUR</u>

Prüfungsaufgaben

1 Zeit: 07:45-13:30 Uhr = 5 Std. 45 Min. = 6 Std.
6 Std./125 km = TAFEL 1
Tafel 1

1/8 Tagessatz 22 t/6 Std. · 45,62 EUR		273,72 EUR
+ Kilometersatz 0,60 · 125 km		75,00 EUR
		348,72 EUR
+ 7,5 % Marge		26,15 EUR
		374,87 EUR
+ Maut 0,124 · 100 km		12,40 EUR
		387,27 EUR
+ USt		73,58 EUR
insgesamt		460,85 EUR

2 Berlin − Stuttgart = 630 km lt. Entfernungstabelle
9 Std./630 km = TAFEL 1
Tafel 1

Tagessatz 38 t =	29 t (8 Std.) =	386,57 EUR	
	+ 9 t/ 9 · 3,09 =	27,81 EUR	414,38 EUR
+ 1/8 Tagessatz =	29 t (1 Std.) =	48,32 EUR	
	+ 9 t/ 9 · 0,39 =	3,51 EUR	51,83 EUR
+ Kilometersatz =	29 t =	0,67 EUR	
	9 t/ 9 · 0,01 =	0,09 EUR	
		0,76 EUR · 630 km	478,80 EUR
			945,01 EUR
− 20 % Marge			189,00 EUR
			756,01 EUR
+ USt			143,64 EUR
insgesamt			899,65 EUR

3 Mannheim − Frankfurt = 85 km lt. Entfernungstabelle
Zeit: 7:30− 16:45 Uhr = 9 Std. 15 Min. = 10 Std.
10 Std./85 km = TAFEL 2
Tafel 2

Std.-Satz 18 t = 49,66 EUR · 10 Std.	496,60 EUR
− 8 % Marge	39,73 EUR
	456,87 EUR
+ USt	86,81 EUR
insgesamt	543,68 EUR

4 PLZ 68217 − PLZ 83024 = 424 gefahrene km = 414 mautpflichtige km
6 Std. 20 Min. = 7 Std./424 km = TAFEL 1
Tafel 1

Tagessatz 24 t	371,12 EUR
+ Kilometersatz 0,62 · 424 km	262,88 EUR
	634,00 EUR
+ Maut 0,124 · 414 km	51,34 EUR
	685,34 EUR
+ USt	130,21 EUR
insgesamt	815,55 EUR

5 18 425 kg = 18 500 kg = TAFEL 3
Erfurt – München = 420 km lt. Entfernungstabelle
Tafel 3
Fracht 18 500 kg = 18,5 t/420 km

18-t-Satz = 51,41 EUR · 18,5 t	951,09 EUR
19-t-Satz = 49,56 EUR · 19,0 t	941,64 EUR
Abrechnung: 19-t-Satz	941,64 EUR
– 16 2/3 % Marge	156,94 EUR
	784,70 EUR
+ Maut 0,124 · 357 km (85 % v. 420 km)	44,27 EUR
	828,97 EUR
+ USt	157,50 EUR
insgesamt	986,47 EUR

6 23 870 kg = 23 900 kg = TAFEL 3
Saarbrücken – Mannheim = 140 km lt. Entfernungstabelle
Tafel 3
Fracht 23 900 kg = 23,9 t/140 km

23-t-Satz = 21,15 EUR · 23,9 t	505,49 EUR
24-t-Satz = 20,56 EUR · 24,0 t	493,44 EUR
Abrechnung: 24-t-Satz	493,44 EUR
– 12 % Marge	59,21 EUR
	434,23 EUR
+ USt	82,50 EUR
insgesamt	516,73 EUR

13.4.3 Frachtberechnung mit den Kalkulationshilfen KALIF und KIS

1

Fahrzeugeinsatzkosten	455 km × 0,59 EUR/km	=	268,45 EUR
Fahrzeugvorhaltekosten	Tagessatz	=	118,48 EUR
Fahrereinsatz	8 Std. × 21,90 EUR	=	175,20 EUR
Fahrerspesen	8 Std. × 2,43 EUR	=	19,44 EUR
			581,57 EUR
+ Verwaltungskosten	18,3 %		106,43 EUR
+ kalk. Wagnisse	1,7 %		9,89 EUR
+ kalk. Zinsen	2,7 %		15,70 EUR
			713,59 EUR
+ Maut	0,124 × 378 km		46,87 EUR
Selbstkosten			760,46 EUR
+ Gewinn	12 %		91,26 EUR
Nettopreis			851,72 EUR
+ USt			161,83 EUR
Bruttopreis			1 013,54 EUR

2 a)

Fahrzeugeinsatzkosten	638 km × 0,59 EUR/km	=	376,42 EUR
Fahrzeugvorhaltekosten	9 Std. × 9,87 EUR	=	88,83 EUR
Fahrereinsatz	9 Std. × 21,90 EUR	=	197,10 EUR
Fahrerspesen	9 Std. × 2,43 EUR	=	21,87 EUR
			684,22 EUR
+ Verwaltungskosten	18,3 %		125,21 EUR
+ kalk. Wagnisse	1,7 %		11,63 EUR
+ kalk. Zinsen	2,7 %		18,47 EUR
			839,53 EUR
+ Maut	0,124 × 570 km		70,68 EUR
Selbstkosten			910,21 EUR
+ Gewinn	6 %		54,61 EUR
Nettopreis			964,82 EUR
+ USt			183,31 EUR
Bruttopreis			1 148,13 EUR

b) Konserven = Allgemeine Preisliste

Fracht 25 t/638 km	(1 502,69)	=	1 503,00 EUR
+ 19 % USt.			285,57 EUR
Bruttofracht			1 788,57 EUR

c)

Lkw	1 148,13 EUR	=	100 %
Bahn	1 788,57 EUR		
Differenz	640,44 EUR	=	x %

x = 55,78 %

3

Fahrzeugeinsatzkosten	(270 × 2) = 540 km × 0,59 EUR/km		
		=	318,60 EUR
Fahrzeugvorhaltekosten	10 Std. × 9,87 EUR	=	98,70 EUR
Fahrereinsatz	10 Std. × 21,90 EUR	=	219,00 EUR
Fahrerspesen	10 Std. × 2,43 EUR	=	24,30 EUR
			660,60 EUR
+ Verwaltungskosten	18,3 %		120,89 EUR
+ kalk. Wagnisse	1,7 %		11,23 EUR
+ kalk. Zinsen	2,7 %		17,84 EUR
Selbstkosten			810,56 EUR
+ Gewinn	12 %		97,27 EUR
Nettopreis			907,83 EUR
+ USt			172,49 EUR
Bruttopreis			1 080,32 EUR

4 a)

Fahrzeugeinsatzkosten	296 km × 0,59 EUR/km	=	174,64 EUR
Fahrzeugvorhaltekosten	1/2 Tagessatz	=	59,05 EUR
Fahrereinsatz	6 Std. × 21,90 EUR	=	131,40 EUR
Fahrerspesen	6 Std. × 2,43 EUR	=	14,58 EUR
			379,67 EUR
+ Verwaltungskosten	17,2 %		65,30 EUR
+ kalk. Wagnisse	1,7 %		6,45 EUR
+ kalk. Zinsen	2,7 %		10,25 EUR
			461,67 EUR
+ Maut	0,124 × 230 km		28,52 EUR
Selbstkosten			490,19 EUR
+ Gewinn	12 %		58,82 EUR
Nettopreis			549,01 EUR

b)

Fahrzeugeinsatzkosten	296 km × 0,59 EUR/km	=	174,64 EUR
Fahrzeugvorhaltekosten	6 Std. × 9,84 EUR	=	59,04 EUR
Fahreinsatzkosten	6 Std. × 21,90 EUR	=	131,40 EUR
Fahrerspesen	6 Std. × 2,43 EUR	=	14,58 EUR
			379,66 EUR
+ Gemeinkosten	6 Std. × 12,54 EUR	=	75,24 EUR
			454,90 EUR
+ Maut	0,124 × 230 km		28,52 EUR
Selbstkosten			483,42 EUR
+ Gewinn	12 %		58,01 EUR
Nettopreis			541,43 EUR

alternativ:

Fahrzeugeinsatzkosten	296 km × 0,59 EUR/km	=	174,64 EUR
+ sonstige Kosten	6 Std. × 46,71 EUR	=	280,26 EUR
			454,90 EUR
+ Maut	0,124 × 230 km		28,52 EUR
Selbstkosten			483,42 EUR
+ Gewinn	12 %		58,01 EUR
Nettopreis			541,43 EUR

5 a)

68213 Mannheim − 84030 Landshut	=	360 gefahrene km
	=	328 mautpflichtige km
Maut: 328 km · 0,124 EUR	=	40,67 EUR

b)
Fahrzeugeinsatzkosten	360 km · 0,59 EUR/km	= 212,40 EUR
Fahrzeugvorhaltekosten	8 Std. · 9,87 EUR	= 78,96 EUR
Fahrereinsatz	8 Std. · 21,90 EUR	= 175,20 EUR
Fahrerspesen	8 Std. · 2,43 EUR	= 19,44 EUR
		486,00 EUR
+ Verwaltungskosten	18,3 %	88,94 EUR
+ kalk. Wagnisse	1,7 %	8,26 EUR
+ kalk. Zinsen	2,7 %	13,12 EUR
		596,32 EUR
+ Maut	328 km · 0,124 EUR	40,67 EUR
		636,99 EUR
+ Gewinn	12 %	76,44 EUR
		713,43 EUR
+ USt		135,55 EUR
Bruttopreis		848,98 EUR

13.4.4 Frachtberechnung beim Sammelgutverkehr

1 798 kg = 800 kg
Haus-Haus-Entgelt 800 kg/679 km   255,13 EUR
+ Palettentauschgebühr 1 × 2,56 EUR   =   2,56 EUR
                                                                257,69 EUR
+ USt   48,96 EUR
insgesamt   306,65 EUR

2 5 × 278 kg = 1390 kg = 1400 kg
Haus-Haus-Entgelt 1400 kg/138 km   321,40 EUR
+ Palettentauschgebühr 5 × 10,23 EUR   =   51,15 EUR
+ Versendenachnahme 2% v. 5500 EUR   =   110,00 EUR
                                                                482,55 EUR
+ USt   91,68 EUR
insgesamt ohne Nachnahmebetrag   574,23 EUR
+ Nachnahmebetrag   5500,00 EUR
insgesamt inkl. Nachnahmebetrag   6074,23 EUR